꿈꾸는
　　버마재비

이방주 수필집

꿈꾸는 버마재비

연암서가

지은이 **이방주**

청주시 죽림동에서 태어나 1998년 월간 『한국수필』 신인상을 받으면서 수필을 썼고, 2014년 계간 『창조문학』 문학평론 신인상을 받고 문학평론을 쓰기 시작했다.
수필집 『축 읽는 아이』(2003), 『손맛』(2009), 『여시들의 반란』(2010), 『풀등에 뜬 그림자』(2014), 『가림성 사랑나무』(2017), 『들꽃 들풀에 길을 묻다』(2020), 『부흥 백제군 발길 따라 백제의 山城 山寺 찾아』(2020), 수필선집 『덩굴꽃이 자유를 주네』(2020), 문학평론집 『해석과 상상』(2021), 수필창작이론서 『느림보의 수필 창작 강의』(2022), 고소설 주해서 『윤지경전』(2011)을 냈다.
현재 서원대학교 평생교육원 수필창작교실 강사, 내륙문학회, 충북수필문학회, 한국수필작가회 회원, 한국수필가협회 부이사장, 수필미학작가회 회장, 세계직지문화협회 이사로 활동하고 있다.

티스토리 느림보 이방주의 수필마루 https://nrb2000-22.tistory.com
이메일 nrb2000@hanmail.net / nrb2005@naver.com

꿈꾸는 버마재비

2025년 6월 10일 초판 1쇄 인쇄
2025년 6월 15일 초판 1쇄 발행

지은이 | 이방주
펴낸이 | 권오상
펴낸곳 | 연암서가

등록 | 2007년 10월 8일(제396-2007-00107호)
주소 | 경기도 고양시 일산서구 호수로 896, 402-1101
전화 | 031-907-3010
팩스 | 031-912-3012
이메일 | yeonamseoga@naver.com

ISBN 979-11-6087-140-1 03810
값 17,000원

충북문화재단
이 책은 충청북도, 충북문화재단의 후원을 받아 문화예술지원사업의 일환으로 발간되었음

작가의 말

늙은 좀이 되어

 내 생에 책 한 권을 남기는 것이 까마득한 소망일 때가 있었다. 그런데 이제 열두 권째 책을 묶으려 한다.
 수필집으로는 선집을 포함하여 아홉 권째이다. 첫 수필집으로 어설픈 『축 읽는 아이』 이후 『손맛』은 우리 문화에 묻어 있는 손맛을, 『여시들의 반란』은 지방 일간지에 게재했던 수필처럼 쓴 칼럼을, 『풀등에 뜬 그림자』는 일상에서 얻은 삶의 의미를, 『가림성 사랑나무』는 백제의 산성과 산사 167곳을 답사하고 쓴 수필을, 『들꽃 들풀에 길을 묻다』는 들꽃이 일러주는 사람살이의 지혜를 받아 적었다. 『부흥 백제군 발길 따라 백제의 산성山城 산사山寺 찾아』는 『가림성 사랑나무』를 보완하여 백제부흥운동의 족적을 중심으로 다시 낸 수필집이다. 수필선집 『덩굴꽃이 자유를 주네』는 수필과비평사와 좋은수필사가 '현대 수필가 100인선'으로 선정하여 당시까지 발표한 작품 중에서 40편을 골라 묶었다. 훗날 내 문학의 발걸음을 요약해 볼 때 자료가 될 수도 있을 것이다. 수필집 외에 『윤지경전』은 고소설 「윤지경전」을 현대 국어로 옮겨 쓰고 다시 초등학교 고학년이나 중학교 저학년 학생이 읽을 수 있도록 해설을 덧붙여 엮었다. 주식회사 대교에서 '우리 문학의 숲'이란 전집으로 출판할 때 스물세 번째 책으로 들어갔다. 『해석과 상상』은 수필평론집으로 이미 발표한 작품론, 서평, 월평을 모아 묶었다. 『느림보의 수필 창작 강의』는 대학 평생교육원에서 10년간 강의한 자료를 한 권의 책으로 엮었다. 하나의 테마 모음이 아닌 수필집을 더 내기 어려울 것 같아 되돌아본다.

표제를 '꿈꾸는 버마재비'로 했다. 버마재비나 늑대나 인간이나 숨탄것들이 꾸는 꿈은 하늘의 도리 아래에서 다 거기서 거기가 아닌가. 도덕이나 규범을 정해 놓은 인간세계가 오히려 늑대나 버마재비의 세계보다 나을 것도 없다. 그냥 천리天理를 믿는 것이 낫다. 얼어붙은 땅 밑에서도 싹을 틔워 두꺼운 껍데기를 깨버릴 꿈을 꾸며 기다리면 하늘이 어김없이 대답했다. 나는 그 대답을 믿는다. 글 54편을 5부로 나누었다. 1부는 존재자로서의 나가 존재로서의 나로 나아가는 길을, 2부는 그 길 너머에서 이루고자 하는 꿈을, 3부는 그 꿈의 과정에서 관계 지은 우리를, 4부는 그런 우리가 사는 시간과 공간에 대한 물음을, 5부는 그런 물음에 대해 거울이 되는 문화마당을 구분하여 묶었다.

최근에 '늙은 좀'이 되겠다고 다짐했다. 그래서 자호自號를 노두老蠹라 했다. 책을 좀먹고, 글을 좀먹고, 세상을 좀먹는 늙은 벌레가 되어가고 있다는 자성自省이다. 이 책이 남의 사상을 좀먹고 세상을 좀먹는 것은 아닌지 걱정이다. 말할 수 없이 부끄럽고 스스로 얼굴 두껍다는 생각뿐이다. 그래도 일단 묶어 보려 한다. 『풀등에 뜬 그림자』를 낸 이후 10년 동안 문예지에 발표했거나 발표하지 못한 글이 테마 수필집을 내느라 흩어져 있어서 묶어 놓아 가지런하게 하고 싶은 욕심에서다.

나는 걸어가서 본 것에 대하여 굴리고 굴린 생각을 받아 적는다. 세계는 나를 비추어보는 거울이다. 거울에 비친 내 모습을 더하지도 빼지도 말고 받아 적으면 수필이 된다는 생각에 변함이 없다. 수필을 쓰는 동안 아픔이 치유되고 읽는 사람에게도 선한 영향력이 미칠 수 있으면 더 바랄 게 없겠다. 선대

수필가들은 체험을 소환하여 서사로 뼈대를 삼고 묘사로 살을 붙여 형상하여 그 의미가 천년을 넘어 오늘에도 공명을 준다. 내 글도 그런 수필이 되었으면 좋겠다.

여건이 허락된다면 수필집 한두 권을 더 내고 싶다. 우리 주변에 사라져가는 삶의 흔적이 수없이 많다. 그에 대한 그리움을 담아 테마 수필집으로 묶어내는 것도 늙은 좀이 쏠아 먹고 싶은 세계이다.

여기는 목은牧隱 이색李穡 선생 영당이 있는 수름재이다. 목은 선생이나 그의 부친 가정稼亭 이곡李穀 선생이나 이미 고려말에 수필 작품을 남긴 분들이다. 여기서 와우산臥牛山이 지척이다. 누워 있던 소가 벌떡 일어나 노두에게 달려들 날을 기다린다.

을사년 새봄에
수름재 느림보 서재에서 노두 합장

차례

작가의 말 · 늙은 좀이 되어 · 5

1 길 · 13

지렁이가 품은 우주 · 14

램프의 향기 · 17

반야로 가는 길 · 23

원대리 자작나무 · 27

모깃소리 · 32

앉은뱅이 일으키기 · 37

흠집 · 42

따비 · 47

인연因緣 2 · 52

바람소리 · 57

새해 첫날 석천암에 가다 · 62

알다 · 67

2 _____ 꿈 · 71

고희古稀의 꿈 · 72

미음완보微吟緩步하는
느림보 · 77

연꽃공원 가는 길 · 81

꽃보다 아름다운 것 · 85

느림보 서재,
소를 기다리다 · 91

나의 소주 반세기 · 96

완보緩步 그리고
노두老蠹 · 101

똥 꿈 · 105

적소謫所에서 · 110

10월 26일, 징벌과 사면 · 114

3 _____ 우리 · 123

벌초냐 도토리냐 · 124

사내남男과 계집녀女
가르치기 · 129

첫눈 · 135

그냥 떠나신 아버지 · 138

바람의 기억 · 143

달기똥 묻은 달걀 · 148

쌀 한 가마 · 152

성城 그리고 나무 · 157

풍경 소리 · 162

4 ──── 물음 · 167

이방주랑 버마재비랑 · 168

낙가리 포도밭 사람들 · 173

보련산 버마재비 · 178

일절만 하시지요 · 183

계란 한 판 · 188

나으리의 사려,
꼰대의 생각 · 192

개와 늑대 · 197

버립니다 · 202

관세음보살님
다 보고 계시는지요 · 205

열림이냐 닫힘이냐 · 210

5 ──── 마당 · 225

영화와 거울효과 · 226

동주를 찾아가는 길 · 230

'빨리빨리'냐 '천천히'냐 · 235

고복저수지 메기매운탕 · 238

낭만이 살아오는 술,
막걸리 · 244

고추장 · 249

된장이나 끼리쥬 · 254

죽 · 259

닭 · 264

조롱박꽃 피는 사연 · 269

뽀리뱅이와 흙 · 273

디아Dia를 따라가는 길 · 277

칭기즈 칸 마당에
세종대왕이 · 282

1 ~~~~~~~~~~ 길

지렁이가 품은 우주

 새벽 산책길에서 딱한 중생을 만났다. 젓가락으로 입에 올리다 흘린 자장면 사리 같다. 꿈틀꿈틀 힘겹게 기어간다.
 지난밤 폭우에 땅속 지렁이 은신처에 빗물이 괸 모양이다. 물구덩이에서 살만한 곳을 찾아 지상으로 나오셨을 것이다. 블록 위에 물이 없으니 숨쉬기는 괜찮겠다. 그런데 여기는 처참한 죽음이 기다리고 있는지도 모른다.
 아파트 산책로는 입주민들이 새벽부터 산책을 한다. 폭우가 내리고 하늘이 말끔하게 갠 날 아침에는 걷는 사람이 더 많다. 시간이 좀 지나면 아이들이 자전거를 탄다. 쓰레기 수거 차량의 바퀴는 지렁이 눈으로는 가늠할 수 없을 만큼 무지막지하다. 새벽 총알 배송을 생명으로 아는 택배 차량을 지렁이가 피하는 것은 불가능하다. 운동화에 밟혀 으깨지고 자전거 바퀴에 치여 끊어지고 택배 차에 치여 으스러지고 무지막지한 바퀴에 눌려 흔적도 없이 사라진다. 이것이 지렁이의 딱한 운명이다.

다시 땅속으로 들어가라. 들어가라. 제발 들어가세요. 염불 외듯 해도 지렁이 귀에 경 읽기라 제 가던 길만 간다. 더 안전한 곳은 어딜까 궁리하고 고심하며 죽을힘을 다해 기어간다. 내 말은 못 들은 척 그냥 간다. 애야, 네게는 내가 신이니라. 이렇게 높은 곳에서 널 내려다보고 있지 않느냐. 나는 너의 미래도 보이느니라. 내 말을 들어라. 그래도 지렁이는 가던 길을 간다. 딱한 중생의 미래가 보인다.

깜짝 놀랐다. 더 높은 곳에서 나를 내려다보는 진짜 신이 있지 않을까. 맞다. 바로 저만큼 위에서 나를 내려다보면서 '가지 마라. 거길 가면 안 되느니라. 그리 가면 네가 으깨지고 끊어지고 으스러지고 흔적도 없이 사라진다.' 나의 운명을 내려다보며 안타까워하는 신이 저 위에 있는 것 같아서 나는 안절부절못한다.

어디를 밟을까. 어디로 발을 옮겨야 땅이 꺼지지 않을까. 어느 쪽에 시선을 두어야 눈부시지 않을까. 나는 우왕좌왕한다. 방부목 쉼터를 밟으면 '우지끈' 무너질 것만 같다. 앞으로 나아가기 두렵다. 지렁이에게서 나의 운명을 돌아본다. 지렁이나 나나 우주의 눈으로 보면 미물이다. 사람도 지렁이도 우주 안에 하나다. 한 마리 지렁이가 우주의 섭리를 다 품었다.

一中一切多中一 一卽一切多卽一
一微塵中含十方 一切塵中亦如是

하나 가운데 모두가 있고 모두 가운데 하나가 있네.
하나가 곧 모두이고 모두가 곧 하나이네.

한낱 작은 티끌이 시방세계를 머금었고
일체의 티끌마다 시방 세계가 담겨 있네

 딱한 중생에게 법성게의 한 말씀을 듣는다. 나도 어디로 가고 있는지 모르니 그대와 다를 게 없다.

(2021. 7.)

램프의 향기

 하늘재에도 초미세먼지가 자욱하다. 미세먼지는 하늘재 너머에서 오는 봄을 부옇게 가려놓고 있었다. 장엄한 백두대간도 작은 먼지 알갱이들이 흐려놓은 그 안에서 헤어나지 못한다. 포함산이 바위벽인지 미세먼지인지 분간조차 어렵다. 주흘산에서 부봉으로 달려온 용틀임에 붓으로 툭툭 찍어놓은 것 같은 낙락장송들이 흐릿한 장막에 가려 하늘재로 내려서지 못하고 있었다.
 아내와 함께한 나들이이다. 연풍 소조령 터널을 지나 지릅재를 넘기로 했다. 미세먼지 때문에 내 끼인 동양화처럼 구름 위에 앉은 신선봉을 바라보며 소조령 터널을 지나면 커다란 느티나무가 나온다. 느티나무에서 우회전하면 지릅재로 오르는 길이다. 지릅재 올라가는 길에 작은 카페가 있다. 이름도 향기로운 '램프의 향기'이다. 램프의 향기는 바로 길가에 있어서 속도를 줄일 필요도 없이 핸들만 오른쪽으로 15도 정도 돌리면 주차장에 차를 댈 수가 있다. 주차공간이 여남은 되는데 한두 대 들어설 만큼 늘 비어 있다. 그러니 카페도 한두 자리는 늘 비어 있다. 우리네 삶의 공간도 늘 그만큼 여백이 있었으면 좋겠다.

램프의 향기에는 오래된 램프가 있다. 아주 오래된 서구식 램프를 보고 있노라면 동유럽 어느 카페에 앉아있는 느낌이 든다. 1970년대 젊은 시절에 다방에 들어가면 비엔나커피를 주문했다. 커피에 아이스크림을 얹은 비엔나커피는 커피 향과 함께 달달한 아이스크림 맛이 좋았다. 하얗게 아이스크림이 묻은 그녀의 입술이 가슴을 설레게 했다. 막상 오스트리아 빈의 번화가라고 하는 게른트너 거리 오래된 카페에는 비엔나커피가 없었다. 커피에 우유와 아이스크림을 얹어 멜랑쥐Melange라고 했다. 램프의 향기에도 멜랑쥐가 있을 것 같은 그런 분위기이다.

오스트리아 빈의 게른트너 거리에서도 보지 못한 오래된 램프를 돌아보며 아내와 커피를 마셨다. 멜랑쥐커피가 있었으면 좋겠는데 그냥 아메리카노를 마셨다. 램프의 향기에서는 아메리카노 향기도 멜랑쥐만큼 향기로웠다. 창 너머로 들려오는 물소리 새소리가 달달한 맛을 대신해 주었다. 나는 커피를 들고 오래된 유럽풍의 램프를 하나하나 돌아보았다. 작고 앙증맞은 놈도 있고, 벽을 반쯤 차지할 만큼 커다란 램프도 있었다. 한 5세기쯤 전에 어둔 방을 밝혔을 법한 이 램프들은 대체 어떤 사람에게 빛을 주었을까. 당신은 '누구의 밤을 지키는 약한 등불입니까.' 한 2세기쯤 전에 벽에 커다랗게 걸렸을 법한 저 램프는 또 어떤 권력자의 흥청거리는 카니발을 밝혀 주었을까. 아름다운 옥이 아직도 초록으로 빛나는 작은 램프는 어느 젊은 부부의 침실에 은은한 빛을 주었을 것 같다. 한 50년이나 60년 전쯤 우리를 밝혀주던 석유램프도 있다. '어둠 가운데 빛이 있으라.'라고 했던 창조주의 말씀을 들어 어둠을 밝혀 밝음을 주었다. 램프는 기쁨과 슬픔에 빠져 있는 미몽을 밝혀 교만하지도 지나친 애상에 젖지도 않도록 우리의 영혼에 희망과 위안을 주었다.

램프의 향기에는 커피 향이 추억의 향기를 불러준다. 한 40여 년 전 나는 석유램프 아래 있었다. 시골 초등학교 초임 교사로 부임하여 향기롭지 않은 석유의 그을음 아래 밤을 새웠다. 혼자 자는 방에서 책을 읽기도 하고, 램프를 밝혀놓고 야학을 열었다. 지금은 램프가 추억이지만, 어두웠던 1970년대 산골 젊은이들에게는 희망이었다. 램프는 추억만 있는 것이 아니라 희망도 담고 있다.

연풍에 한 2년 근무한 적이 있다. 저녁에는 사택에서 승용차로 15분쯤 걸리는 램프의 향기로 차를 마시러 다녔다. 커피를 마실 때도 있었고 달달한 향이 진한 페퍼민트를 마실 때도 있었다. 낡은 피아노가 한 대 있었다. 차를 마시다가 분위기에 취하면 피아노 반주에 맞추어 〈그 집 앞〉을 부르기도 했다. 램프의 향기는 커피를 마시던 사람들이 거친 내 노래에도 박수를 보내주는 그런 향기로운 카페였다. 램프는 내게 그런 추억도 있다. 그런데 그때 그 낡은 피아노가 십 년도 더 지난 지금도 그 자리에 있다.

십 년이 넘었는데 주인도 옛 주인, 램프도 옛 램프, 낡은 피아노도 옛날 그대로다. 차향은 더 은은하고 주인의 눈빛은 더 따사롭다. 주인과 장작 난로 앞에서 지금은 옛날이 된 그 시절 이야기를 나누었다. 함께 간 음악 선생님의 피아노 반주 맞추어 〈그 집 앞〉을 부르던 이야기에서 주인은 나를 기억해 냈다. 주인도 이제 중년의 정숙한 부인이 되어 있었다. 늘 차향만 맡으며 오래된 램프가 불을 밝혀주어서 그런지 '내 누님 같은 여인'이 되어 있었다. 나는 그에게서 램프의 향기를 느끼고, 그녀가 우리에게서 또 다른 향기를 느껴주기를 소망한다.

머리가 하얀 노부부가 커피를 마시고 있는 모습이 고결하다. 할아버지는 점잖게 엄숙하고 할머니는 다소 수다스러운 듯해도 하얀 머리가 커피 향처럼 곱다. 커피 향이 온몸에 스미고 인정에 가슴이 따뜻해질 즈음 밖으로 나왔다. 주인 남자가 마당에서 난로를 덥힐 장작을 패고 있었다. 봄볕이 마당에 가득하다.

차를 몰아 미륵사지로 향한다. 지릅재를 넘어서면 하늘재로 오르는 길옆에 미륵사지가 있다. 미륵사 복원공사를 하느라 가림막을 쳤다. 차를 세우고 그냥 하늘재로 걷는다. 소나무가 하늘을 찌른다. 낙락장송으로 척척 늘어진 가지여야 소나무다운데 붉은색 기둥만 하늘을 떠받치듯 솟아있다. 그런대로 나도 하늘로 솟는다. 해토머리 오솔길은 얼음이 풀리기 시작하여 말랑말랑하다. 발목이 참 편하다. 소나무가 가려 주어 뿌연 하늘도 보이지 않는다. 차라리 좋다. 봄을 맞아 조금 더 푸르러진 솔잎이 향기롭다. 램프의 향기에서 향기가 여기까지 따라온 것인가.

하늘재에서 문경을 바라보며 저기 저 아래로부터 재를 올라와 서울로 향하던 영남의 문인들을 생각한다. 하늘재 아래 경상도는 숲이 아니라 사과밭이다. 우리 충청도 사람들은 하늘재에 와서 영남의 사과밭을 보고 영남 사람들은 하늘재에 와서 충청의 소나무 숲을 본다. 하늘재는 영남에서 충청도를 지나 서울로 통하는 길이다. 옛날에는 고구려와 신라가 만나던 곳이다. 마중 나온 김유신이 김춘추를 만나던 계립령이 바로 여기이다. 나는 역사를 통해 김유신이 섰던 자리에서 김춘추를 맞아본다. 하늘재는 경계이기도 하고 소통의 길목이기도 하다. 그러고 보니 과거와 현재가 만나는 곳이 여기 하늘재이고 현재가 미래로 향하는 곳이 여기 하늘재이다. 민중이 권력이 되려고 넘던 고개도 하늘재이고 권력을 내려놓고 낮은 세상으로 넘어가던 고개도 하늘재이다.

   하늘재에서 걸어 내려오면서 램프의 향기 같은 과거를 생각한다. 과거는 그냥 그리움일 수도 있고 미래로 이어가는 디딤돌일 수도 있다. 램프는 과거를 살던 사람들에게는 어둠을 밝혀 미래를 열어주더니 현재를 사는 사람들에게는 영혼의 어둠 밝혀 감성을 일깨운다.

   돌아오는 길, 램프의 향기에는 아직도 승용차 몇 대가 서 있다. 마당도 주변 소나무도 봄을 맞는 램프의 향기에 젖어 고요하다.

(2019. 1.)

반야로 가는 길

 월류봉 광장에 우리가 모였다. 여기서 반야로 가는 길을 찾는다. 월류봉은 금강으로 흘러 들어가는 초강천에 감겨 있다. 달이 경관에 취해서 머물다 간다는 월류봉 다섯 봉우리가 한눈에 들어온다. 바로 앞 오봉에서 바위 한 덩어리가 미끄러져 내려와 강 가운데서 불끈 일어섰다. 그 바위 마루에 월류정이 있다. 제 그림자에 취한 달도 편히 머물 수 있겠다. 정자까지 어우러져 그림 같은 풍광이다. 월류정을 품은 광장은 풍류 마당이다. 시가 있고 향기로운 술이 있고 그리고 아름다운 것이 있고······. 예나 지금이나 색色의 공간이다. 우리는 여기서 투명한 참 지혜가 있는 반야般若의 세계로 찾아가야 한다.

 초강천은 비단가람의 한 줄기이지만 성난 황소의 영각처럼 소리를 지르며 월류정 아래를 파고든다. 물안개가 자욱하다. 지름길은 보이지 않는다. 달이 머물던 오봉이 내려다본다. 오늘밤에는 달도 나르시스 놀이를 할 아름다운 수월水月을 찾지 못할 것 같다. 이미 풍광에 취한 달도 우리도 반야로 가는 들머리 찾기는 쉬운 일이 아니다.

오른쪽 강안으로 데크 길이 보였다. 그런데 '아니 그냥 큰길로 가자' 했다. 찻길로 들어섰다. 공사중인지 바리케이드를 쳤다. 갓길로 조심스럽게 걸었다. 시작점인 원촌교를 건너면서 쳐다보니 광장에서 돌아오는 데크 길이 보였다. 아까 그 길이다. 그 길로 왔어야 했다. 그러나 그 길을 안 것만으로 다행으로도 생각하자.

원촌교를 건너 반야사에서 내려오는 석천 강안을 따라 절벽에 붙인 잔도를 거슬러 오른다. 이름도 여울소리길이다. 물소리가 요란하다. 폭우가 아니었다면 맑은 여울에 햇빛이 곱게 부서지고, 여울의 울음소리가 하얗게 반짝였을 것이다. 여울소리길 오리 남짓은 순순하고 널찍하다. 바닥은 야자 매트를 깔아 부드럽고 편안하다. 반야사 쪽에서 넘어질 듯 튕겨지며 흘러내리는 흙탕물을 바라보면서 나태를 다독인다. 오르막길이 나타난다. 나태해질 겨를이 없다.

원정교를 건너니 물을 왼쪽에 두고 걷는다. 새들이 사는지 산새소리길이다. 흙길을 잠시 걷다가 다시 데크 길을 걷는다. 새소리는 들리지 않는다. 여울소리가 새소리를 삼켜버린 것인가. 물소리 속에서 돌 구르는 소리를 듣는다. 소망하던 새소리가 아니라 무섭다. 산이 내품는 기운이 바람이 된다. 시원하다. 나뭇가지가 머리 위를 가린다. 볕이 나면 그늘로 들어가고 빗방울이 떨어지면 우산을 편다. 풍광이 좋으니 사람들이 많다. 오른쪽으로 한 줄로 섰다. 수행의 대열이다. 조용히 말하고 조용히 웃고 조심스럽게 걷는다. 그렇게 살아온 날들이 하루 이틀인가. 그것을 깨달으며 걸으면 반야의 세계를 만난다고 믿는다. 그늘이 가린 볕을 그리워하며 여울에 묻힌 산새소리를 찾으며 산새소리길을 걸었다.

데크 길에서 나와 반야사로 넘어가는 나무다리를 지나쳐 둑길을 걸었다. 오리 남짓만 걸으면 드디어 반야사로 건너가는 징검다리를 만날 수 있다. 우리는 징검다리를 팔짝팔짝 건너 반야의 세계에 들어갈 꿈을 꾼다. 그때 구레나룻이 허연 노인장이 내려오다가 "더는 못 가유. 반야사 건너가는 길이 물에 잠겼슈. 내 말 들어유. 헛걸음 하지 말구." 아, 그류? 그냥 가볼께유. 노인장 말씀을 어겼다. 아니 그럼 여성 회원들은 여기서 기다리고 우리만 가보자. 조금 더 걷다가 못생긴 강아지를 데리고 내려오는 처녀 두 명을 만났다. 자매이건 말건 상관없다. 반야사로 건너갈 수 있죠? 그래, 그렇다고 해라. "그럼요. 물웅덩이만 지나면 징검다리가 나와요" 그럼 그렇지. 처녀들은 우리가 원하는 말을 했다.

신발을 벗고 물웅덩이를 지나 맨발로 걸었다. 야자 매트는 촉감이 좋다. 그러나 토사가 쓸어 덮은 곳은 발바닥을 찌를 것 같이 아프다. 괜찮다. 반야사 가는 수행의 길이니까. 반야의 세계로 물을 건너가는 제도의 길이니까. 그러나 없다. 길은 물에 잠기고 징검다리 위로 물이 넘친다. 노인장 걱정이 파라미타를 바로 일러준 말씀이었다. 노인장의 말씀을 듣지 않았으니 괜한 소리를 한 처녀들을 원망할 자격이 없다.

  되돌아와서 일행을 만났다. 맨발에 흙을 털고 양말을 신었다. 기다리던 이들과 함께 반야교를 건넜다. 하늘이 파랗게 벗어졌다. 우리는 다시 웃고 떠들며 걸었다. 일주문이다. '백화산 반야사白華山般若寺' 우리는 반야의 세계로 성큼 발을 들여놓았다. 마주치는 산기슭 너덜이 호랑이가 되어 포효로 우리를 맞는다. 산골 물이 하얗게 쏟아져 내린다. 폭포수 아래 잔자갈들이 훤히 보인다. 여기가 반야이다. 참 지혜의 세계이다.

  문득 월류나 반야는 둘이 아니라는 생각이 들었다. 맞아, 일주문은 불이문不二門이잖아. 일주문 안이나 밖이나, 여울소리나 새소리나, 노인장이나 처녀애들이나, 중생이나 부처나 모두 하나이다. 성속聖俗이 따로 있는 것은 아니다. 오백 년 배롱나무를 지나 대웅전에 삼배를 올리니 부처님이 삼촌이 되어 하얗게 웃고 있었다.

(2023. 7.)

원대리 자작나무

 인제 원대리 자작나무 숲길이다. 그야말로 푸른 하늘에 닿을 듯하다. 어찌 이렇게 하늘로 하늘로 뻗어 오를 수 있는가.
 주차장에 차를 세우고 15도쯤 비탈진 수렛길을 3km 정도 걸었다. 큰길가에 못생긴 자작나무들이 '나 여기 있어요.' 하면서 구부정하게 서 있다. 잔가지도 많고 구부러지고 꺾여서 볼품없다. '너는 아니다. 나서지 마라.'하는 마음으로 그냥 걸었다. 경사진 시멘트 포장길은 힘겹다. 발목부터 무릎까지 팍팍하다. 그래도 걷는다. 오직 훤칠하게 하늘을 향하는 자작나무를 만나려는 설렘이다.
 '원대리院垈里'란 이름은 좋은 삶의 터란 의미이다. 인제에서 내린천을 건너 깊숙한 산골짜기로 들어가는 오지이지만, 나그네 쉬어가는 원터의 의미도 갖고 있다. 마의태자도 서라벌에서 하늘재를 넘어 충주 미륵대원사를 지나 송계 덕주사에서 덕주공주를 이별하고 이곳에서 쉬었다가 금강산으로 들어갔다. 원대리는 태자의 쉼터이다. 좋은 삶이 있는 신성한 터이기에 자작나무가 자란다.

  가난했던 인제 원대리 사람들은 1980년대 핀란드 같은 북유럽에서나 자라는 시베리아 자작나무를 심었다고 안내하는 이가 일러준다. 백석이 시를 쓰던 함흥에서나 볼 수 있는 훤칠한 자작나무이다. 화전이나 솔잎혹파리가 소나무를 휩쓸어버린 황폐한 땅에 모험의 불쏘시개를 심은 것이다. 오늘은 그 자작나무가 사람 구경 못 하던 원대리로 세상 사람들을 불러 모은다.

  등줄기가 땀으로 젖을 때쯤 마지막 모퉁이를 돌아서자 훤칠한 자작나무들이 보이기 시작했다. 자작나무는 골짜구니마다 차전놀이 때 무명 잠방이등거리를 걸친 농군들처럼 하얗게 떼를 지어 달려드는 듯했다. 골짜기에서 등성이로 올라가는 경사면에도 하늘로 쭉쭉 벋어있다. 결코 등성이에 올라서지 않겠다고 다짐이라도 했을까. 골짜기를 벗어나 등성이를 막 올라서면 거기는 이미 푸른 침엽수들이 점령하고 있다.

  몸뚱이에 온통 하얗게 분칠한 듯 자작나무는 한 20~30m 푸른 하늘에 닿아있다. 기슭에서 구부정하게 서 있는 지질한 애들과는 다르다. 밑동에서 끝순까지 거의 비슷한 굵기로 미끈하게 뻗어 새파란 겨울 하늘에 닿아 있다. 잔가지들은 눈에 보이지도 않는다. 훤칠한 수병들이 하얀 제복을 입고 사열식을 하는 모습이다. 몸매를 잘 만든 큰애기의 미끈한 다리처럼 섹시하다. 하늘로 뻗어 올라가는 기세는 누구를 향하는 것일까. 망설임도 웅크림도 없다. 가까이에서 보니 하얗게 벗은 몸통에는 부릅뜨고 노려보는 검고 커다란 눈알이 박혔다. 부릅뜬 아버지 눈도 같고, 야단치려는 할머니 눈매이기도 하다. 때로 인자한 어머니 눈 같기도 하고, 사랑을 담은 누나 눈인가도 싶다. 세상의 아픈 소리를 다 들으려는 듯 지그시 감은 관음보살의 눈으로도 보인다. 자작나무 옹이는 때로 세상을 질타하며 응시하고, 때로 아픔에 자비를 보내는 눈이 되어 있다.

 자작나무는 무엇으로 살까. 죽어 스러진 겨울 산을 밟고 저렇게 푸른 하늘을 향하여 서있는 것은 무슨 의미일까. 옹이마다 검은 눈이 되어 세상을 응시하며 무엇을 보고 있을까. 자작나무 하얀 몸통을 붙잡고 서서 푸른 하늘을 바라보노라니 나까지 경건해진다. 아, 자작나무들은 기도를 하고 있구나. 눈을 부릅뜨고 딱한 세상의 온갖 잡사를 하늘에 길어 올려 하소연하는 것이구나. 그러고 보니 수천 그루 자작나무의 한 그루 한 그루가 모두 무巫로 보였다. 하얗게 소복하고 하늘과 땅을 이어주는 당골이다. 파란 하늘[一]과 거친 땅[一]을 이어주는[丨] 사람[人]이다. 이어줌의 통로가 수천 그루의 나무의 형상을 빌어 서 있는 것이다. 수천의 무당이 엄숙하게 서서 하늘에 인간의 소망을 길어 올리고 있는 형상이다. 위로는 천문에 통하고[上通天文] 아래로는 지리를 살피어[下察地理] 그 합일점인 중통인의[中通

人義를 얻으려는 사제의 엄숙한 자세이다. 그것이 바로 무巫이다. 자작나무는 곧 중통인의라는 소망을 하늘에 기도하고 있는 모습이다.

자작나무는 얇은 껍질을 벗으며 커간다. 비단처럼 얇고 가녀린 옷을 벗고 하얗게 속살을 드러내는 관능이 아름답기만 한 것은 삼십삼천 이십팔수 푸른 봄 하늘을 향하고 있어서이다. 갓 신내림을 받은 처녀무당 같다. 그니가 벗어놓은 비단옷이 그이에게 가는 속삭임으로 자작자작 불쏘시개 되어 태우기에 자작나무란다.

자작나무가 벗어놓은 껍질은 불쏘시개이다. 껍질에는 기름 성분이 있어 불이 잘 붙는다고 한다. 불은 문명의 시작이다. 그리스에서는 프로메테우스가 훔친 불로 문명이 시작되었듯 동양에서는 자작나무에 불을 붙여 자작자작 태워 문명이 시작되었다. 경주 천마총에 그려진 천마도는 자작나무 껍질에 그린 하늘로 비상하는 신마神馬의 그림이다. 함께 발견된 서조도瑞鳥圖도 역시 종이처럼 얇은 자작나무 껍질에 그려 하늘을 날고 싶은 인간의 소망을 담았다. 자작나무 껍질에는 인간의 소망이 담긴다. 엉어로는 '글을 쓰는 나무껍데기'란 뜻으로 버춰 Birch라 하고, 우리는 불이 시작되는 나무라는 의미로 '화樺'라 한다. '백화白樺'가 바로 그것이다. 글과 불이 문명의 시작이라면 자작나무는 문명의 불쏘시개이다. 자작나무 얇은 껍질에 소망을 담아 불을 붙여 올리면 소지燒紙가 된다. 하늘을 향한 자작나무는 누가 뭐래도 소지를 올리는 사제이다.

자작나무는 매우 겸손하고 생태를 아는 나무이다. 등성이에 올라서지 않고 산불이 나거나 사태가 나서 황폐한 골짜기에 씨를 내리고 40~60년 살아 땅이 살만하게 기름이 돌면 다른 나무에게 자리를 내어 주는 나무이다. 그 씨앗은 다른 황폐한 곳으로 날아가 새로운 터전을 마련하고 땅을 세습하여 소유하지 않으니 오늘을 사는 사람들이 그것도 배울 일이다. 수명이 100년도 가지 못해 우람하게 크지는 못하지만 온몸을 모두 사람들의 살림살이에 바치는 겸손한 나무이다. 자작나무는 사제司祭가 되어 하늘에 기도하는 마음으로 산다.

미끈하게 뻗은 나무들이 하얗게 빛난다. 백화白樺란 이름조차 고졸하다. 오늘 봄 햇살이 묻어나는 자작나무를 짚고 선다. 나도 오만의 껍질을 벗을 수 있을 것만 같다. 자작나무 얇은 껍질에 나의 소망을 담아 소지를 올리자. 나의 소망이 자작나무를 타고 하늘에 오른다. 햇살이 자작나무 숲에 쏟아진다. 숲이 온통 하얗게 불탄다. 나도 하얗게 백화가 된다. 등성이를 버리고 골짜기를 따라 자작나무 숲을 내려온다.

(2021. 2.)

모깃소리

미호강 자전거길을 달린다. 가을볕이 따사롭다. 둔치에는 억새꽃과 갈대가 한꺼번에 피어 오후의 기우는 태양빛에 반짝인다. 미호강美湖江이란 이름만큼 아름답다. 바람이 상쾌하다. 기어를 최대로 올렸다. 속도가 빨라지니 얼굴에 스치는 바람이 아직은 푸른 버들잎에서 푸름을 묻혀 오는지 더 시원하다. 그런데 자전거가 '우잉우잉' 하며 모깃소리를 낸다. 아, 낡은 기계에서는 모깃소리가 나는 것인가. 바로 그 모깃소리다.

젊은 나이였던 마흔다섯쯤에 왼쪽 귀에서 모깃소리가 났다. 밤이나 낮이나 '우잉우잉' 하고 울어대는 모깃소리가 성가셨다. 그로부터 10년은 족히 이비인후과에 다녔다. 귓속에 살림을 차린 모기들은 겨울에도 죽지 않고 울어댔다. 병원에 다녀오는 날은 오히려 더 심했다. 모기 가족이 '우잉우잉 우엥오엥 윙윙' 하고 야단법석을 열었다. 쉰넷에 이르러 이 나라 최고 명의만 모여 살아간다는 대학병원 젊은 여의사에게 귀를 보였다. 꼭 칠성판 모양의 수레에 태워 불가마 같기도 하고 굴속

같기도 한 곳에 들여 넣고 온갖 사진을 다 찍어대더니 하는 말이 기막혔다.

"그냥 사세요. 연세도 있으신데……. 신경이 죽었네요. 재생 불가예요."

'겨우 그 말 하려고 이리 돌리고 저리 돌리며 찍어댔냐?' 내게는 낯선 '연세'라는 말이나 무책임한 '그냥'이라는 말에 따지고 싶었지만 참았다. 그래! 덜 들으며 그냥 살자. 들어도 못 들은 체해야 하는 나이가 아니냐? 누구 말마따나 연세도 있는데……. 오른쪽 귀로 오른 소리만 듣고 살자. 아니 옳은 소리만 듣는 거야. 나는 오른 소리와 옳은 소리를 혼동하기는 했지만 절망적 현실을 받아들일 수밖에 없었다. 그럴 수밖에 없을 때는 빨리 수긍하는 것이 낫다. 성깔을 죽이며 착하게 살았다.

세월이 지나고 또 지나 환갑을 넘기니 이번에는 왼쪽 눈앞에 모기 두세 마리가 날아다닌다. 처음에는 왼손을 들어 쫓으려 했지만 손짓만으로 쫓겨날 모기가 아니라는 걸 알았다. 점점 왼쪽이 잘 보이지 않는다. 시내에서 제일 용하다는 안과를 찾아갔다. 진짜 원장님은 만나지도 못하고 서른을 갓 넘은 젊은 원장을 만났다. 내 하소연을 듣고 복잡한 기계에 눈을 대게 하고 잠깐 들여다보더니 너무나 가볍게 한 마디로 선고를 내린다.

"그냥 사세요. 연세도 있으신데……. 치료 방법이 없어요.

그냥 사세요."

　사명감 없는 교사가 학생을 '문제아'로 낙인찍듯이 책임감 없는 의사들은 '연세'로 진단하고 '그냥'이란 처방을 내린다. 그래! 덜 보며 대충 살자. 오른쪽 눈으로 오른쪽만 보고 살자. 아니 옳은 것만 보는 거야. 나는 또 오른쪽 것과 옳은 것을 혼동하기는 했지만 수긍할 수밖에 없었다. 그리고는 보이는 것도 보지 못한 것처럼 순하게 살았다. 그야말로 귀도 눈도 착하디착한 이순耳順이라는 연세가 된 것이다.

　이렇게 살다가 오른쪽 소리만 들리고 오른쪽 세상만 보이면 어쩌지? 아니, 왼쪽 소리도 왼쪽 세상도 다 오른쪽 세상으로 인식되면 어쩌나 하는 고민이 생기기 시작했다. 그것이 이순이라는 연세 값을 하는 것일 수도 있겠지만 그렇게 균형을 잃다가는 왼쪽이나 오른쪽으로 쓰러지는 것은 아닐까 걱정되기 시작했다. 이순의 나이에 철이 든 사람처럼 순하게 사는 것도 좋겠지만 균형을 잃고 쓰러지는 삶을 살고 싶지는 않았다. 아, 그래서 나이가 들면 자전거를 타는구나. 오른쪽으로도 왼쪽으로도 치우치지 않고 사는 법을 배우려고 자전거를 타는구나. 나도 자전거를 한 2년 타 보았다. 종아리가 탱탱해지고 허벅지도 탄력이 생겼다. 왼쪽 눈앞에 어른거리던 모기가 오지 않는 날이 많아졌다. 왼쪽 귀에 살림 살던 모깃소리도 드물어졌다. 자연스럽게 균형 잡는 일에 더욱 몰두하게 되었다.

무심천이 미호강에 합류하여 호수가 된 까치내에 거꾸로 잠긴 억새꽃 갈대꽃이 가을 오후의 햇살을 받아 윤이 난다. 기어를 최대로 올리고 허벅지에 힘을 주어 페달을 밟으며 균형 잡는 방법을 배운다. 인제는 어느 정도 속력을 낼 수 있다. 곧은 길에서는 더 세게 밟는다. 낡은 자전거가 새것보다 더 부드럽게 속력을 낸다. 그런데 자전거가 '우잉우잉 오엥오엥' 모기 울음소리를 낸다. 모기란 놈은 연세 드신 자전거에까지 따라와 운다. 나 때문에 낡아버린 자전거가 안쓰럽다. 이놈의 모기, 때려잡으려다가 갑자기 삼십 년 전쯤 어느 일간지 '이규태 칼럼'에서 읽은 적이 있는 '모기 시아버지와 모기 며느리' 이야기가 생각나서 그만두었다.

옛날에 모기 시아버지를 모시고 사는 모기 며느리가 있었다. 하루는 저녁때가 다 되었는데 시아버지가 외출을 준비하면서 며느리에게 일렀다.

"아가, 내 저녁일랑 차리지 마라."

"왜요? 아버님"

"좋은 사람을 만나면 실컷 빨아 먹어 배가 터질 테고, 모진 놈을 만나면 맞아서 배가 터져 죽을 테니, 저녁상이 무슨 소용이겠느냐?"

시어머니와 남편까지 모진 놈에게 맞아 사별한 며느리는 시아버지의 외출을 말렸다.

"아버님, 언짢으시면 나가지 말고 집에서 드셔요."

시아버지 모기가 운명에 순응하는 모습도 그렇고, 며느리의 효심도 그렇고, 하찮은 모깃소리에 이런 이야기가 숨어 있다는 것도 다 나를 스산하게 한다.

요즘 못된 모기 며느리 같으면 뭐라고 대답했을까?

'알겠어요. 연세도 있으신데 그냥 나가서요. 어차피 맞아 죽는 게 모기 운명인걸요.'

아니면 연세로 진단하여 그냥으로 처방하는 의사라면 또 뭐라고 대답했을까?

'그럼 그냥 나가 보셔요. 연세도 있으신데.'

아마도 이렇게 답했을지도 모르겠다. 가슴이 서늘하다. 맞아, 나이도 있는데 그냥 살자. 웬만한 건 보려 하지도 들으려 하지도 말자. 차라리 들리지 않는 것이나 보이지 않는 것으로 마음의 귀를 열고 눈을 돌리자. 그리고 보이지도 않고 들리지도 않는 모깃소리 같은 것에서 의미를 찾자. 이순이 아니냐. 위대한 이순耳順······.

(2015. 10.)

앉은뱅이 일으키기

 교회는 조용했다. 살그머니 들여다보았다. 앉아있을 수밖에 없는 앉은뱅이 노인 옆에 전도사가 무릎을 꿇은 채 기도하고 있었다. 기도는 고요하고 경건해 보였다. 그러다가 갑자기 기도가 격렬해진다. 멀어서 알아들을 수는 없어도 간절함이 보였다. 하느님이 강림하신 듯, 예수처럼 성스러웠다. 예수께서 마지막 날 겟세마네 언덕에서 기도를 마치고 돌아와서 누워 자고 있는 제자들에게 '아직도 자고 있느냐. 깨어 기도하라. 쉬지 말고 기도하라.' 했던 성스럽고 안타까운 모습이 보였다. 절대자 앞에 우리를 데려다주는 진정 사제의 모습이었다. 그는 접신接神을 한 것일까. 스스로의 생존이 아니라 앉은뱅이 일으키기에 몰입한 전도사가 무아無我의 경지에 이른 것으로 보였다. 전기도 없어 어둡고 침침한 예배당은 올리브나무 우거진 성스러운 언덕이 되어 있었다. 앉은뱅이 노인을 실은 손수레가 사택 앞을 지나가는 걸 보고 따라나서길 잘했다.
 시립도서관 가을 특별 프로그램 지혜 교실에 등록했다. '노년老年'을 주제로 하는 김경배 교수의 철학 특강이다. 노년이란 주제보다 '지혜智慧'란 말이 나를 이끌었다. 빅 데이터 시대에 데이터를 통찰하여 부닥치는 삶에 대처하는 슬기를 배우자는 희망이었다. 깨달음을 얻어서 타고난 미욱함의 껍데기를 깨고 나오고 싶었다.

강의 중에 지나가는 말로 '신과의 만남'이란 말을 했다. 나는 깜짝 놀랐다. 신에게서 신성성을 의심한 니체에 심취했었다는 젊은 철학 교수의 말이라 내 귀를 의심했다. "어떻게 신을 만날 수 있을까요." 나는 자못 진지했다. 그는 잠시 멈춤도 없이 "나를 버리면 만날 수 있죠." 망아忘我, 몰아沒我, 무아의 경지에 들면 접신할 수 있다는 말이다. 맞다. 신은 행위에 목적이 없다. 인간도 이기적 목적만이라도 버리면 신에 가깝게 갈 수 있다. 접신은 신을 만난다는 의미와 함께 신이 내린다는 의미도 있다.

문득 벽지학교 초임 교사 시절 만났던 그 전도사가 생각났다. 그는 스물두 살인 나와 동갑내기였다. 시골 마을 작은 교회라 목사를 모시지 못했으니 그를 사제라 해도 될 것 같았다. 아니 나는 그렇게 부르고 싶었다.

우리는 서로를 성직자인 양하며 자주 만나 흉금을 터놓았다. 한번은 "예수께서 앉은뱅이를 고쳐 걸어가게 했다는데 그 말을 믿느냐?"라며 따지듯 물었다. 자신 있게 대답하는 그에게

나는 좀 난감한 제안을 했다. 마을에 60대 앉은뱅이 노인이 있는데 예수께서 '일어나 너의 들것을 들고 걸어가거라.' 하고 말해서 걸어가게 했듯이 그렇게 할 수 있느냐고 다그쳤다. 그는 앉은뱅이 노인을 교회에 나오게 하면 일어서게 하겠다고 단언했다. 젊은 시절에는 난봉꾼이었다고 마을에 소문난 노인이었다. 멀쩡했었는데 어느 날 갑자기 앉아 일어서지 못했다니 그때부터 불행인지 다행인지 술도 여색도 마감했단다.

나는 전도사의 말을 믿지 않았지만 부지런히 앉은뱅이 노인 집에 드나들며 설득했다. 전도사를 기죽이려는 심술도 한몫했다. 전혀 움직일 뜻이 없더니 어느 날 아들이 끄는 손수레를 타고 교회로 가는 앉은뱅이 노인을 만났다. 노인을 실은 손수레는 매일 같은 시간에 학교 앞을 지나 교회로 갔다. 전도사는 일단 앉은뱅이 노인에게 신뢰를 얻는 데 성공한 것으로 보였다.

전도사의 기도가 어떻게 진행되었는지 앉은뱅이 노인은 3개월쯤 아들이 끄는 손수레를 타더니, 3개월쯤은 혼자서 지팡이를 짚고, 또 3개월쯤 지나니 지팡이를 버리고 절룩거리며 걸어서 교회로 갔다. 비가 오면 뛰어가기도 했다. 이기적 목적을 버린 전도사는 접신에 이른 것일까. 자기를 버리고 지순한 기도로 앉은뱅이를 일어서게 한 것이다. 의심할 수 없는 사실이다.

자유란 얽매임으로부터 벗어나는 것이다. 규범으로부터 벗어나기, 욕심으로부터 벗어나기, 불안으로부터 벗어나기를 하면 자유로워질 것이다. 나는 욕심으로부터 벗어나기가 가장 어려울 것으로 생각했다. 재물, 무병장수, 지위, 명예, 애욕을 지향하는 욕망으로부터 벗어나면 바로 무아이고 망아가 아닐까 한다. 예수께서 인류를 위해 기꺼이 죽음을 선택하며 '그것이 아버지의 뜻이라면 그리하십시오.' 했던 기도는 그래서 성스러운 말씀이다. 전도사도 이기적 목적을 버렸기에 앉은뱅이를 일으켜 좀 더 높은 곳에서 세계를 인식할 수 있는 힘을 나누어 준 것이다.

젊은 교수의 강의는 열정이 넘친다. 순간순간이 기도처럼 진지하다. 수강생은 교수에게 철학을 공부하고, 교수는 수강생들에게서 생활을 공부하는 그야말로 지智와 혜慧가 만나는 무아의 공간이 되었다. 앉은뱅이나 다름없는 나의 미욱함을 일으키기에 넘치는 자리였다.

무아의 경지에 들어야 누군가를 일으켜 세울 수 있나 보다. 돌이켜보면 교직 40여 년 동안 만난 일만 명 넘는 젊은이들 앞에서 몇 번이나 몰아에 들었는지 자신할 수 없다. 또 수필 교실을 펼쳐 놓고 과연 나를 버리고 기도의 말씀으로 오신 분들의 문학을 일으켜 세우기에 정진했는지 돌아보게 된다.

나는 남을 일으키기에 앞서 스스로 앉은뱅이라는 것도 늘

잊고 산다. 예수께서 앉은뱅이에게 '일어나 네 들것을 들고 걸어가거라.' 말씀을 내릴 때처럼, '기도하라. 쉬지 말고 기도하라.' 하고 깨우칠 때처럼, 젊은 전도사가 '일어나게 해 주소서. 일어나 걸어가게 해 주소서.' 했을 기도의 말씀처럼, 진정으로 이타적 목적만으로 말씀을 전했는지 돌아볼 때이다.

  자연도 모든 것을 비워내는 가을이다. 나를 온전히 비우고 앉은뱅이인 나부터 일으켜 세울 공부를 하는 것이 오늘의 지혜이다.

(2023. 10.)

흠집

 올겨울에도 연풍 사과 한 상자를 들였다. 옛사람들은 충주 사과나 대구 사과를 치지만 내 입에는 연풍 사과가 제일이다. 어느 지방 사과도 연풍 사과의 단맛과 야릇한 향기를 따르지 못한다. 이렇게 좋아하는 연풍 사과도 흠집이 있어 상품이 되지 못하고 비품이 되고 마는 것이 있다. 나는 연풍 사과를 잘 알기 때문에 정품이 아니라 비품을 주문했다. 비품은 나뭇가지에 긁히거나 까치 부리 자국이 있는 것을 말한다. 흠집이라야 보일 듯 말 듯한데 단맛은 더 진하고 향기도 더 좋다. 농민들은 상품화할 수 없는 것을 팔아서 좋고, 나는 맛과 향기가 정품이나 마찬가지인 것을 싼값에 먹어서 좋다.
 연풍 사과의 향기는 백두대간 골짜기의 바람과 물과 흙이 만들어 낸다. 서울에서 영남으로 가려면 반드시 넘어야 하는 고개가 조령이고 이화령이다. 영남에서 서울을 가려고 힘겹게 조령을 넘어 한숨 '휴-' 하고 돌리면 거기가 바로 연풍이다. 백두대간 백화산과 조령산 사이 골짜기 골짜기마다 마을이 있고 기슭에는 사과밭이 있다. 두통에 찌든 머리도 개운해지도록 공기가 맑은 곳이다. 낮에는 햇볕이 짱들짱들하고 밤에는 여름에도 선뜩선뜩하다. 연풍 사과 향기는 연풍의 산세와 바람 냄새, 물 냄새를 닮았다.

연풍 사과의 단맛과 야릇한 향기에 빼놓을 수 없는 것은 사과 농사짓는 연풍 사람들의 부지런함이다. 연풍 사람들은 봄, 여름, 가을, 겨울 내내 백두대간 기슭의 비탈진 사과밭에서 산다. 계절마다 힘들지 않은 때가 없겠지만, 사과 알에 살이 붙기 시작하는 초가을부터 늦가을 서리 내리기 직전까지 가장 어려워 보였다. 바닥에 비닐을 깔아 반사하는 햇볕까지 받아 당도를 올린다. 하루라도 더 볕을 쬐려고 사과나무와 함께 밤을 견디다가 서리 내리기 직전에서야 수확한다. 게다가 달려드는 원수 같은 까치 떼도 쫓아야 한다. 제아무리 연풍 사과라도 흠집이 있으면 제값을 받지 못하기 때문이다. 농민들의 말을 들으면 한 상자에 15만 원짜리가 3만 원 받기도 어렵다고 한다. 늦가을 주렁주렁 열린 사과나무를 보면 연풍 사람들의 가슴에 매달린 조바심처럼 보인다.

아침저녁으로 골짜기 공기가 서늘해지면 사과에 단맛이 들기 시작하는데 이때부터 사과 향에 취한 까치들이 달려든다. 아무리 소담하게 살지고 단맛과 향기가 절정에 이른 사과라 할지라도 까치가 뾰족한 부리로 한 번만 '콕' 찍으면 못쓰게 된다. 바람이 불어 가지가 흔들리다가 뾰족한 가지에 조금만 긁혀도 안 되고, 이유 없이 꼭지 부분이 갈라져도 못쓴다. 그러나 작은 흠집이 있는 사과라 하더라도 기울인 정성은 마찬가지이다. 백두대간 산수가 내려주는 은혜와 함께 착한 사람들의 정성과 노고가 달고 향긋한 사과 덩이로 맺긴 것이기 때문이다. 흠집 난 것이라도 우리는 단순하게 사과를 먹는 것이 아니라 농민의 피와 땀이 스민 영혼의 결정체를 향유하는 것이다. 흠집 사과를 즐겁게 먹는 것은 농민의 고통을 조금이나마 덜어주는 일이다.

나는 이 고장에 근무하는 동안 흠집 사과를 무수히 많이 먹었다. 사서 먹기도 했지만 얻어먹은 것도 많다. 직원이라야 고작 열 명 남짓한데 아이들을 등교시키는 아빠들이 날마다 작업 상자에 하나 가득 싣고 온다. 물론 정품을 가져오는 때도 있지만 우리는 흠집 사과가 더 마음 편했다. 두 손으로 받쳐 들어야 할 정도로 커다란 사과 덩이를 한참을 이리저리 돌려 보아야 흠집을 찾을 수 있다. 정품이나 다를 바 없다. 까치 부리 자국을 도려내면 도려낸 자국에서 단물이 흘러나온다. 특유의 야릇한 향기 때문에 흠집이 있었다는 것을 금방 잊어버린다. 그까짓 것 까치 부리 자국이 대수이랴 싶다. 사과 상자를 내려놓으며 까치 떼의 훼방을 헛웃음으로 하소연하고 돌아서는 안타까운 뒷모습을 떠올리며 말이다.

그때 인연으로 인터넷으로 주문하면 지금도 연풍 사과를 먹을 수 있다. 그때마다 흠집이 있어 잘 팔리지는 않지만 더 달고 향기도 더 깊은 비품을 주문한다. 까치가 더 맛있는 사과를 골라 찍은 건지 까치가 찍었기에 더 맛이 있는 건지는 알 수도 알 필요도 없다. 인간이나 자연이나 비록 상처가 남았다 하더라도 시련을 견디어 이겨낸 것이 더 깊이가 있는 것이 아닐까? 사과도 흠집이 있는 것이 더 깊은 맛을 내고, 젊은 시절 시련을 겪어 이겨낸 사람이 더 깊은 인간미가 풍기는 법이다.

성공한 사람들도 따져보면 흠집 없는 사람이 없다. 아니 흠집이 오히려 성공의 열쇠가 되었다고도 할 수 있다. 청년 교사 시절 벽지학교에서 내가 열었던 야학에서 강의록으로 공부하고 산업체 부설학교를 나와 독일로 유학을 떠나 그곳에서 심장 수술의 명의가 된 제자가 있다. 메스를 잡은 손끝으로 절망에서 다시 생명을 이어 이웃을 위해 좋은 일을 하며 행복하게 사는 모습을 생각만 해도 경이로울 뿐이다. 언젠가 텔레비전에서 가난으로 음대를 중퇴하고 야식 배달로 생계를 유지하던 젊은이의 노래를 들은 적이 있다. 그의 노래는 고통이라는 흠집이 예술로 승화되어 우리에게 깊은 감동을 주었다. 교통사고로 하반신마비가 된 후에도 계속 노래 부르는 가수도 있다. 삶의 고통은 영혼에 흠집을 낸 것이 아니라 다만 삶의 길에 솟은 돌부리일 뿐이다. 상처 있는 사과가 더 향기롭듯이 시련을 이겨낸 삶이 더 아름답고 진실해 보인다.

　사과나 인생이나 흠집은 대개 자신의 선택이 아니다. 그러니 탓할 일도 아니다. 아니 흠집이 오히려 더 아름답다. 젊은 날에 고통받은 삶이나 굴곡이 있는 생애가 더 아름답고 짙은 향기가 있다. 이른 봄에 나오는 냉이도 상처가 있어야 짙은 향기가 난다. 어렵고 힘든 길을 걸어 마루에 올랐을 때 감격이 더 크다.

　나는 백두대간의 야릇한 사과의 향기에 취한다. 백두대간 산기슭에서 꽃 피워 눈서리를 견디어내고 열매 맺어, 주야로 다른 기온에 얼고 녹기를 거듭하고, 까치 부리에 찍혀 버림받을 고비도 넘겨 백오십 리나 달려온 사과 맛에 취한다. 너른 거실에 연풍 사과 향이 가득하다. 흠집 사과에서 배어나는 삶의 향기에 취한다.

(2016. 1.)

따비

 엇, 저게 뭐지? 아 따비구나. 저게 바로 따비야.

 한국민속촌에서 오래된 농기구를 발견했다. 문우들과 이야기에 빠져서 그냥 지나칠 뻔했다.

 따비를 처음 본 것은 거의 50년 전 벽지학교에 부임했을 때이다. 화전민 학부모 집에 올챙이묵을 얻어먹으러 갔는데 헛간에 따비가 있었다. 밭을 가는 농기구 같은데 삽도 아니고 쟁기나 극쟁이는 더욱 아니었다. 그것이 따비라는 것을 학부모에게 물어서 알았다. 전에는 '따비', '따비밭'이란 말을 들었지만 그것이 농기구 이름이라는 것은 몰랐다. 어른들은 산비얄을 일구어 고구마나 조를 심어 먹는 밭을 따비밭이라 했다.

 보릿고개를 넘기 힘들었던 1960년대 후반이었을 것이다. 언 땅이 풀리기 시작하는 2월이면 산비얄을 일구어 밭을 만들었다. 그 밭을 따비밭이라 했다. 해토머리에는 누구나 곡괭이나 삽을 들고 나섰다. 면사무소에서 따비밭을 일구는 농가에 밀가루 배급을 주었다. 나서는 식구수대로 밀가루 포대가 늘어났다. 배급받은 밀가루로 누룽국이나 수제비를 해 먹었다. 정부에서는 경작지를 늘이려는 시책이었지만 영세농들은 주린 배가 더 급했다. 그래서 따비밭은 늘어났다. 그래도 따비라는 농기구는 없었다.

화전을 일구는 이들은 따비로 풀뿌리를 헤치고 짱돌을 파냈다. 쟁기나 극젱이로는 갈 수 없는 거친 땅을 따비로 파서 씨앗을 세웠다. 극젱이와 모양은 비슷하지만 한마루만 있고 성에가 없어서 앞에서 끌 수 있는 구조는 아니다. 대개는 삽보다 좁은 날이 하나인 것도 있고 두 개인 것도 있다고 한다. 그런데 한국민속촌에서 본 것은 날이 아니고 원뿔 두 개를 한마루에 거꾸로 박은 송곳형이다. 쌍날형 따비라고 하지만 날이 아니라 코끼리 이빨처럼 삐쭉한 것이 쌍으로 달려 있다. 후대에 쟁기나 극젱이로 발전하는 전 단계일 수도 있을 것 같다. 쟁기처럼 앞으로 나아가면서 갈아엎는 것이 아니라 삽처럼 뒤로 물러서면서 땅을 파는 식으로 작업을 해야 할 것 같았다. 화전이나 산밭에 풀뿌리 나무뿌리도 헤치고 땅을 갈아엎을 수 있을 것이다. 따비가 없으면 자갈 반 흙 반에다가 지독한 나무뿌리까지 얽혀 있는 땅을 어떻게 갈 수 있겠는가.

화전이 아니라도 산비얄에서 따비밭을 일구어본 사람은 안다. 좁쌀 한 되박도 한의 열매라는 것을……. 누룽국이나 수제비로는 땅 파는 기운을 얻지 못한다. 산기슭 생땅에서 지독하게 뻗어가는 아까시나무 뿌리를 따라가다 지쳐 파던 돌무더기 위에 주저앉아야 한다. 얽힌 풀뿌리에서 흙 한 줌을 털어내다가 너무 따사로워서 미운 봄볕을 등지고 앉으면 이마에 진땀이 흐른다. 산촌이나 화전민들은 얼마나 힘들었으면 전쟁 무기 같은 따비를 생각해냈을까. 원수 같은 짱돌이 얼마나 기운을 빼앗았으면 따비가 그렇게 삐쭉할까.

따비밭에는 대개 강냉이나 기장을 심는다. 강냉이는 새끼손가락 굵기만큼 튼실한 뿌리를 거친 땅에 내린다. 돌틈 나무뿌리 사이로 박은 뿌리가 황무지에서 영양을 길어 올려 팔뚝만한 열매를 업고 우뚝 선다. 거센 바람에도 넘어지지 않는다. 강냉이밭보다 조금 더 부드러운 땅에는 콩이나 팥을 심었다. 화전민들은 강냉이, 콩, 팥, 조, 기장을 섞어 풀떼기를 만들어 그야말로 입에 풀칠을 한다. 따비밭을 일구는 것도 아픔이지만 풀떼기를 먹어야 하는 것도 그에 못지않은 아픔이다. 아픔 속에서도 식솔들을 살리고 돈을 모아 아랫마을로 옮겨 살 꿈을 꾼다. 따비는 훼방꾼을 물리치고 생활을 찾아가는 삶의 병기였다. 화전민이나 영세한 산촌 사람들이 꿈으로 가는 명줄이었다.

민속촌에서 따비를 들여다보니 50년 전 아이들의 풀떼기 도시락이 되살아온다. 그러나 이제 산촌에서도 따비 같은 농기구는 없어졌다. 따비로 일구어 연명하던 따비밭은 숲이 되었다. 따비는 이제 민속촌이나 박물관에 가 있다. 풀떼기를 먹던 아이들은 고급 승용차를 탄다. 이미 전설이 되어 버렸으니 마음밭을 일구는 따비나 찾아야 한다.

세상은 온통 나무뿌리나 풀뿌리에 얽혀 있는 비알이다. 험한 세상에 박힌 나무뿌리, 풀뿌리, 짱돌은 쉽게 뽑히는 것도 아니다. 내게는 그만한 따비도 없다. 아니, 돌아보면 세상은 내 눈에 가시 때문에 짱돌로 보이거나 나무뿌리에 걸리는 것인지도 모른다. 세상이 아니라 바로 내 안이 비알밭이다. 내 안에 존재하는 짱돌이나 풀뿌리가 세상에 병病이 되고 누累가 된다. 따비로 갈아엎어야 하는 것은 바로 내 안의 비알밭이다.

나는 속셈이 앞서서 사람들과 따뜻한 관계를 맺지 못하는 건 아닌가. 눈 흘기고 돌아서서 외면하고, 다시 다가서는 발걸음에는 비굴한 웃음을 흘리지는 않았나. 입술에는 꿀을 바르고 손에는 비수를 감추지 않았나. 쉽게 배반하고 필요하면 다가서는 무염치는 아닌가. 끈질기고 징글맞게 덤비지는 않았는가. 인생을 이겨야 하는 게임으로만 생각하지는 않았는가. 나는 정신의학자들이 말하는 '소시오패스'는 아닌가. 혹시 '나바라기'는 아닌가. 내 안의 짱돌이나 엉킨 나무뿌리를 돌아보기나 하는가.

나를 배려하지 않는 세상을 내가 배려하면 그것은 곧 나에 대한 배려로 돌아온다. 따비로 내 안을 갈아엎으면 얼크러졌다던 세상이 풀어진다. 탐할 것도 성낼 것도 없이 그냥 갈 곳을 바라보며 걸으면 적어도 바보는 되지 않는다. 목적을 두지 말자. 내게는 속셈이 없다. 그렇게 내 안을 비우는 것이다. 비우는 지혜가 바로 따비이다. 아니 세상에는 풀도 나무뿌리도 짱돌도 아예 없는 것이라 생각하기 시작했다. 눈길을 나에게 돌리니 가슴은 텅 비어버리고, 가슴이 비어버리니 징그러운 세상도 순순해진다.

지금은 보릿고개이다. 따비를 벼리어 마음속에 득실거리는 삼독三毒을 비워낼 때다.

(2022. 12.)

한마루 쟁기의 성에와 술을 꿰어 곧게 선 긴 나무.

성에 쟁기의 한 부분, 쟁깃술의 윗머리에서 뒤끝은 맞추고 앞으로 길게 뻗쳐 나간 나무 부분을 이른다.

쟁깃술 쟁기의 몸 아래 보습 위로 비스듬히 뻗어나간 나무.

풀떼기 보리나 밀, 수수, 옥수수 따위의 잡곡을 맷돌에 갈아 물을 짜내어 다른 잡곡을 섞어 범벅보다는 묽고 죽보다는 되게 쑨 음식.

인연因緣 2

혜광당 종산 대종사慧光堂宗山大宗師 입적入寂에 즈음하여

새벽에 화엄사에 가는 아내를 전세 버스 정류소까지 전송하러 가는 중이었다. 고라니 주검을 보았다. 큰길에서 국립청주박물관으로 내려서는 작은 길목에 나뒹굴어 있었다. 배가 빵빵한 것으로 보아 변을 당한 지 시간이 좀 지난 것 같았다. 아내가 눈을 돌렸다. 상봉재쯤에 무슨 볼일이 있었는지 와우산에서 내려와 급히 찻길을 건너가는 중이었겠지. 고라니는 그렇게 돌아갔다.

1994년쯤 금천고에 근무한 적이 있다. 금천동에서 용암동 버스 종점으로 고개를 넘으면 보살사로 향하는 중고갯길을 만난다. 용암동이 주택가로 개발되기 전이라 비포장도로에 대형 트럭이 다녀서 울퉁불퉁하고 흙먼지를 뒤집어쓴 가로수 사이로 발 디딜 자리를 보아가며 고개를 넘어야 했다. 나는 종종 영운천 좁은 둑길로 차를 몰아 퇴근했다. 어느 날 퇴근길에 거기서 종산 큰스님을 만났다. 하얀 고무신은 이미 진흙투성이였다. 보살사까지는 십 리도 넘는 진흙탕을 걸어 올라가야 한다. 차를 돌려세우고 스님 앞에 섰다.

"스님, 모셔다드리겠습니다."

모처럼 스님에게 대단한 일이나 할 것처럼 말씀드렸다. 스님은 빙그레 웃었다.

"저기가 중고개요. 중이 걸어서 넘는 고개라오. 중은 걷는 것이 수행인데 바쁜 일도 없이 신도님네 차를 얻어 타고 편하게 다니는 것이 무슨 소용입니까."

나는 민망하기 짝이 없었다. 당시만 해도 승용차를 몰고 다니는 교사가 많지 않아 으스대려던 속물근성을 들킨 것 같아 부끄러웠다.

"스님, 벌써 차를 돌렸으니 되돌리려면 절 마당까지 가야 합니다. 빈 차로 가느니 모시고 가게 해 주십시오."

그렇게 보살사 마당까지 스님과 인연을 맺었다.

연구실을 함께 쓰는 동료들의 마실 물을 뜨러 절에 올라갔다가 스님을 만났다. 스님은 마당을 쓸고 계셨다. 쌀쌀한 날씨에 깨끗한 마당을 건성건성 쓸었다. 마음은 검불 너머에 두신 것 같았다.

"처사님, 물 뜨러 자주 오십니다."

내 인사를 건성으로 받는 큰스님께 물을 함께 마시는 사람이 여럿이라는 것과 이 물을 마시는 이들이 아이들 대학입시를 도와주는 중요한 일을 한다는 것과 아울러 부처님의 자비의 물을 길어가는 이유를 장황하게 설명하였다.

"좋은 복을 지으시는군요."

알 듯 모를 듯한 스님의 말씀을 들으며 산을 내려오곤 했다. 그 후 큰스님께서 '인천仁泉'이란 불명佛名을 지어주셨다. 내게는 가당치 않지만 좋은 의미이기에 받아들이고 잊지는 말자는 생각으로 살았다.

혜광당 종산 대종사慧光堂宗山大宗師께서 지난 6월 23일 입적하셨다. 대한불교조계종 원로회의 의장, 화엄사 조실이라는 교단에서 맡은 큰 직책보다 '하루에 단 5분만이라도 참선해야 한다.'라는 그분의 말씀이 모든 신도들을 감동하게 했다. '소크라테스는 참다운 사람을 찾기 위해 대낮에도 공원에 등불을 가지고 다녔다는 이야기가 있는데 나는 한평생 나보다 못한 사람을 찾아볼 수 있기를 원했지만 아직까지 그런 사람을 찾지 못했을 뿐 아니라 나와 비슷한 사람조차 만나지 못했습니다. 모든 사람을 존경합니다.'라고 한 겸손의 말씀도 역시 우리를 감동하게 한다. 종산스님은 '대못 수행'으로 널리 알려진 분이다. 몸가짐을 흐트러지지 않게 하려고 널빤지에 대못을 박아 옆에 세워두고 참선에 든 것은 유명한 일화이다.

법덕이 빛나는 종산스님도 말년을 매우 외롭게 보냈다. 오랜 병마와 싸워야 했고 신도들과의 만남도 쉽지 않았다. 제자들도 큰스님의 울타리가 되어드리지 못한 것 같다. 수행을 강조

하고 겸양으로 사신 분도 제자를 두는 일은 뜻대로 이루지 못한 것 같아 안타깝다. 지난 부처님 오신 날 법요식 사회를 맡은 내게 혜문스님이라는 이가 종산스님의 상좌인 원각스님을 '큰스님'이라 불러달라고 했다. 나는 내심 의아했지만 원각스님이 사양하지 않아 그냥 그렇게 칭했다. 그러면서도 직지선원에 누워 계신 큰스님이 들으시는 것 같아 불안했다. 왜 바보처럼 거부하지 못했나. 가슴을 쳤다. 나는 불경스럽게도 상좌들이 큰스님의 분신이라는 생각이 들지 않았다. 언젠가 내게 말씀하셨던 '좋은 씨앗을 심는 일'이 큰스님 소망대로 되지 않은 것이다. 몸과 마음이 피폐해졌을 때 울타리가 되어줄 든든한 상좌를 두지 못하신 것 같았다. 이럴 때 나는 나를 돌아본다.

'좋은 씨앗'은 무엇을 말하는 것인가. 언젠가 '열매는 우리네 먹을거리로 익어가는 것이 아니라 씨앗을 싹틔우는 영양으로 살을 찌우는 것이다.'라고 내게 말해주는 이가 있었다. 미처 수확하지 못하여 썩은 호박에서 봄을 맞아 새싹이 이들이들하게 뿌리를 내린 것을 보고 깨달았다고 한다. 죽은 동물이 썩어 대지의 영양이 되듯 식물도 향기로운 제 열매를 썩혀 새싹을 키우는 것이다.

인생무상이란 말이 있다. 무상無常이란 항상성은 없다는 뜻이다. 인생은 변화해야 가치 있고 어차피 변하게 마련이다. 열매가 썩어 씨앗을 키우고 다시 열매가 맺히는 순환 말이다. 향기로운 과육을 아낌없이 썩히는 삶이 미래에 튼실한 싹을 틔우게 마련이다. 씨앗이 '인因'이라면 그를 키우는 과육은 '연緣'이다. 종산 큰스님께서도 인이든 연이든 뭔가 미흡함이 있었던 것은 아닐까. 대못 수행도 상좌들에겐 하늘에 떠 있는 구름처럼 감동으로 내려앉지 못한 것일까.

후인들에게 권력을 나누고 곧은길을 일러준 정치인은 미래가 튼실하다. 후학에게 학문이라는 영양을 진정으로 나눈 훈장은 스승이 된다. 정치가나 훈장이나 스님이나 향기로운 과육을 씨앗에게 내 줄 수 있는 용기가 필요하다. 나를 버려야 진정 나를 구할 수 있다. 하지만 아무리 과육을 내놓아도 씨앗이 시원찮으면 푸릇푸릇 이들이들한 싹아지를 기대하기 어렵다.

오늘 화엄사 각황전에서 종산 큰스님 다비식이 있다. 구례 고을에 꽃집이 동이 났다고 한다. 원각, 원일을 비롯한 상좌들이 모두 참석했을 것이다. '스님 불 들어가요' 하는 고함과 함께 충천화광衝天火光이 씨앗이 되든, 향기로운 과육이 되든 상좌스님들의 머리에 원광圓光을 두르는 기적이라도 일어났으면 좋겠다.

오늘 아침 변을 당한 고라니의 주검은 썩어 대지의 영양이 될 것이다. 종산 큰스님도 원광이 되어 천강에 가득하기를 발원하면서 나는 어떤 과육으로 썩어가야 할까 어리석은 내게 묻는다.

(2020. 6.)

바람소리

 귓속에서 바람이 분다. 이명耳鳴이다. 봄바람에 마른나무 잔가지가 휘파람을 불 듯, 여름 오후 수매미가 암컷을 부르듯, 한겨울 참나무 남은 이파리가 삭풍에 떨리듯 바람이 분다. 때로는 고막 너머에서 귀곡성처럼 울어대서 새벽이 괴롭다. 잠자리에서 옆 사람 코 고는 소리쯤이야 오른쪽 귀만 막으면 되지만, 곤한 새벽에 왼쪽 귀 저 안쪽 바람소리는 막을 길이 없다. '망진자호야亡秦者胡也'라더니 새벽을 괴롭히는 건 외환이 아니라 나의 이명耳鳴이다.

 내게 이명이 온 건 마흔을 막 넘어선 팔팔한 때이다. 고3 담임을 연속으로 다섯 해쯤 했을 것이다. 돌아보면 입시철 스트레스는 정말 끔찍했었다. 다른 아이들이 거의 합격자 명단에 들었는데 미더웠던 영미만 2월 20일이 되어도 추가합격자 연락도 받지 못했다. 일주일만 지나면 신입생 선발은 끝나버린다. 착한 영미는 재수란 지옥에 빠져야 한다. 애가 닳았다. 영미 엄마는 하루 세 번은 전화를 해댔다. 26일쯤 합격 전화를 받았다. 이제 끝났다. '휴우' 크게 한숨을 내쉬었다. 그 순간 왼쪽 귀에서 매미가 울었다. 운명의 바람소리는 이렇게 시작되었다.

이명은 스트레스로 시작된다는데 하루이틀 편하게 지내면 그치겠지 기대해 봤지만 소용없다. 신이 원망스럽다. 내가 뭘 잘못했다고 바람소리로 형벌을 내리나. 전화를 해대던 그 엄마는 멀쩡한데 애먼 내 귀에만 풀무질을 해대는 까닭이 뭔가 말이다. 하루 이틀을 기다린 바람소리는 이십 년이 넘어도 그치지 않는다. 저주스럽다.

어떤 이비인후과 전문의와 인연이 되어 한 5년 그분의 병원에서 치료를 받았지만 난 그냥 단골 환자에 지나지 않았다. 뿐만 아니라 해가 갈수록 각종 바람소리로 분화되었다. 변덕스러운 날은 솔바람으로 솔솔 불다가도 갑자기 까치소리까지 섞어대며 성질을 냈다. 때로 태풍으로 몰려오다가 '우두두' 우박까지 쏟아부으며 심술을 부렸다. 스트레스가 심한 날 저녁에는 착암기로 바위 뚫는 소리를 냈다. 저렇게 힘차게 뚫어대는데 귀는 뚫리지 않고 점점 꽉 막히는 느낌은 무엇일까. 안에서 나는 소리는 점점 크고 가까워지는데 밖에서 들려오는 소리는 점점 더 멀어져 아련했다. 난청이 되어가는 중이었다.

소리가 괴로웠다. 괴로워서 견딜 수 없었다. 멀리 떨어진 자리나 맞은편 이야기는 전과 다름없이 들리는데 왼쪽 가까이 앉은 사람의 이야기는 아득하기만 했다. 감미로운 귓속말도 내겐 고통이었다. 술좌석 같은 데서 왁자지껄 떠드는 소리도 내겐 그냥 '왁자'와 '지껄'이었다. 소리의 색깔도 거리도 방향도 헛갈렸다. 치료를 포기한 원장은 자기의 모교라며 대한민국 최고의 대학병원을 소개했다. 여러 가지 비싼 검사를 다 하더니 '연세가 있으니 그냥 살라'고 한다. 원인은 연세이고 처방은 그냥이다. 난청이 된 것이다.

난청은 나를 바보로 만들었다. 왼쪽 귓속질에 알아듣기나 한 것처럼 거짓 웃음 지어야 했다. 의미를 알아보려고 그의 입 모양을 살피려는 시선은 억지로 잡아매었다. 환갑이 지나서도 내가 난청이라는 설명을 하기가 창피했다. 사람들 만나기가 싫어졌다. 이명이 난청이 되니 인간관계까지 막히는 기분이었다.

언젠가 여행 중에 엄청나게 코 고는 친구와 한방을 쓰게 되었다. 다들 잠을 설쳤다고 했지만 나는 오른쪽 귀를 베개에 묻고 잘 잤다. 바람소리 덕을 본 것이다. 그뿐만이 아니다. 나를 손바닥에 올려놓고 수군거리는 소리는 들리지 않아 좋다. 때로 가족들의 말은 못들은 척하면 된다. 가족회의에서 정한 일을 깜빡 잊어 지키지 못했을 때도 못 들었던 것으로 하면 마음 편하다.

살다 보면 들을 필요 없는 소리가 있다. 어마어마하게 큰 소리가 날 것 같은 지구의 공전과 자전하는 소리나, 유리창에 붙어 연애질하는 파리 새끼들의 속삭임은 들리지 않는다. 필요 없는 소리이므로 조물주가 다 막아 주었다. 살다 보면 때로 듣고 싶지 않은 소리도 있다. 고운孤雲 최치원은 「제가야산독서당題伽倻山讀書堂」이란 칠언절구에서 세상의 시비하는 소리를 첩첩 산과 흐르는 물소리가 막아 주었다고 좋아했다. 그 시기에도 속셈 정치가 있고 편향 언론이 시끄러웠던 모양이다. 그런데 나는 높은 산이나 계수 소리 없이도 스스로 내는 바람소리가 시비성是非聲을 막아 주니 이야말로 신의 은총이 아니겠는가. 바람소리는 신이 내린 은총의 소리막이다.

이명은 바람의 소리이다. 싫은 소리만 막아 주는 것이 아니라 바라는 소리만 골라주는 바람의 소리이다. 이상할 정도로 아내의 말소리는 다 들린다. 오른쪽에서 말하거나 왼쪽에서 말하거나 속삭임이거나 다 들려서 난청이라는 것을 잊어버린다. 손자들의 속삭임도 딸의 말소리도 며느리의 이야기도 다 들린다. 반백 년 친구 연 선생의 말도 전후좌우를 가리지 않고 다 들린다. 필요 없는 소리는 안 들리고 필요한 소리는 다 들린다. 그러니 바람소리는 진정 바람의 소리이다.

바람의 소리는 신의 감응이다. 세상 시비성이 들리지 않으니 이제 소리 없는 소리가 들리기 시작했다. 민들레꽃을 들여다보고 있으면 그의 속삭임이 들려온다. 미호강에 나가면 마른 갈대와 수런거림을 나눌 수 있다. 자연이 주는 섭리의 말씀이 들리는 것이다. 부처님께 삼배를 올리면 깨우침의 말씀이 들려온다. 영혼의 대화가 이루어지는 것이다. 노년에는 쓸데없는 말은 듣지 말고 깨달음의 말씀을 들으라는 신의 계시이다. 소리로 듣는 것보다 지혜로 듣는 것이 참 진리라는 가르침이다.

이명은 저주가 아니라 젊은 날에 힘들여 심은 복의 열매라 생각하기로 했다. 바람소리는 허튼소리를 막아 주기도 하고, 바라는 소리만 들리도록 걸러주기도 하는 바람의 소리니 말이다. 바람소리야말로 지혜의 소리만 들으라는 신이 내린 보상이다. 연세가 되었으니 그냥 살라는 젊은 의사의 말은 신을 대신한 예지의 말씀이었다.

세상 사람들이여 한쪽 귀에 바람소리 하나씩 달고 살아 보시오. 아내의 코골이도 저리 잔잔해지지 않소이까.

(2018. 4.)

새해 첫날 석천암에 가다

 몸이 찌뿌둥하고 마음까지 찝찝하면 석천암에 간다. 석천암은 이름 그대로 바위샘에서 물이 나온다. 아니 물은 석굴 천장에서 방울방울 떨어지고 샘이 물방울을 받아 모은다. 그 석굴에 약사여래가 정좌해 있다. 석천암에 가서 석굴의 약사여래 부처님을 만나면 하늘이 열리듯 마음이 열린다.

 청천에서도 풍광 좋은 삼송리로 들어가 삼송학교 건물을 오른쪽에 두고 살살 기어들어 가면서 달리다 보면 농바위 마을 쉼터가 나온다. 여기서 오른쪽으로 작은 다리를 건너가면 대야산 밀재로 가는 길이다. 다리를 건너지 말고 왼쪽 외길을 따라 쭉 올라간다. 길이 끝나는 지점에 석천암이 있다.

 전에는 대야산에 빠져서 한 달이면 두 번 정도는 올라갔다. 아니 쉬는 날만 있으면 혼자서도 자주 갔다. 그럴 때는 경북 문경 쪽의 선유동 범바위 마을에서 용추폭포를 거쳐 밀재로 오르거나 피아골로 오르는 길도 절경이지만 나는 삼송 농바위 마을에서 밀재까지 50분을 걷고 올라가는 길을 좋아했다. 때로는 거칠게 중대봉으로 20m 정도 줄을 타고 오르는 경우도 있었다. 이제는 옛이야기가 되어버렸다. 석천암은 그러니까 대야산의 남서쪽 봉우리인 중대봉 아래 있다고 보면 좋을 것 같다. 중대봉은 절경이지만 혼자서 오르기는 조금 위험한 곳이다.

지난 새해 첫날 아내에게 한 번도 가본 일이 없는 석천암을 찾아보자 했다. 내 몸이 영험으로 유명한 석천암 약사여래를 원했다.

아주 좁은 마을길로 접어들었다. 처음 가는 길은 이런 때 약간 걱정스럽다. 그러나 차가 가는 곳은 분명 주차할 곳도 있고 돌아 나올 수도 있고 마주치는 차와 교행도 가능하게 마련이다. 단양 원통암이나 신원사 고왕암은 아예 차가 들어가지 못한다. 아마도 석천암도 그럴 것이란 생각이 들었다. 차는 꼬불꼬불 계곡으로 들어간다. 경작지가 끝나는 무렵에 주차장이 있고 부도탑이 있다. 여기부터는 걸어야 한다는 내용의 주지 스님의 안내문이 있다.

주차장인지 공터인지 제법 넓다. 차를 세우고 스님 차만 올라갈 수 있을 것 같은 가파른 길을 걷기 시작했다. 새해 첫날 바람이 차다. 하늘이 뿌옇다. 그러나 미세먼지 '나쁨'이라는 예보와 달리 공기가 맑다. 가파른 중대봉 암벽에 붉은 장송이 우뚝하다. 뒤로 돌아서면 백악산이 거뭇하다. 어디를 봐도 절경 아닌 곳이 없다. 숨이 가쁜 줄을 모른다. 아내는 무거운 공양미를 한 번도 건네지 않고 들고 간다. 무거운 걸 들면 안 되는 나에 대한 배려이다. 이런 때 배려가 마음 상한다. 자루를 빼앗아 내가 들었다.

계단을 밟고 오르니 요사채 뒤에 석굴이 보인다. 석굴은 그냥 작은 굴이 아니다. 커다란 바위 아래 100평도 넘을 것 같은 부처님 마당이 있다. 공간은 매우 평평하여 그곳에 약사여래 삼존불을 모셨다. 50명은 넉넉히 앉을 수 있을 것 같았다. 한 옆에 아주 작은 대웅전이 있다. 공양미를 들고 대웅전으로 들어갔다. 두 칸밖에 안 되는 아주 작은 대웅전에 작은 부처님을 모셨다. 석가모니 부처님은 서를 등에 지고 동으로 향하고 있었다. 대웅전에서 삼배를 드리고 약사굴로 향했다.

약사전에 삼배를 올렸다. 부처님께 절공양을 하면서도 아주 작게라도 뭔가를 기원한 적은 없다. 그런데 오늘은 엎드려 절하면서 "올해는 정말 몸을 잘 보전할 수 있게 해 달라."고 빌었다. 몸이 약해지니 마음까지 미미해졌다. 바위에 어마어마한 고드름이 매달렸다. 약사여래 옆에서 샘이 솟아 물이 흐르다 얼어붙었다. 이 물이 다 얼어붙으면 스님은 물을 어찌 쓰시나.

계단을 내려서니 남으로 백악산이 마주 보인다. 그 너머로 속리산 산줄기가 첩첩하다. 요사채 앞에 두세 그루의 오래된 느티나무가 옹위하고 있다. 커다란 개가 컹컹 짖는다. 개는 깔끔하고 잘 생겼다. 두어 번 짖더니 날 보고 크게 하품을 한다. 하품하는 개도 수행자처럼 보였다. 서당개 삼 년에 풍월을 읊는다더니 석천암 산사의 개는 행자가 되는 모양이다. 낯선 사람에게 경계를 치워버리고 하품을 하는 것을 보면 중대봉 중턱에서 세상 물정을 다 통달한 나한님쯤으로 보인다.

절에 아무도 없는 것 같아 돌아 나오려니 문을 열고 스님이 나오신다. 매우 반가워하신다. 차 한잔 하고 가십시오. 예, 차 한잔 주십시오. 합장 인사보다 세속의 인사가 먼저 나왔다.

방은 눅눅하고 서늘하다. 스님이 가스난로에 불을 붙이니 이내 따듯해져서 땀이 났다. 우리는 쉰운 커피를 엷게 타서 마셨다. 스님의 말은 거침이 없다. 그런데 그의 목소리가 어디서 많이 들어온 것같이 낯익다. 아 그렇다. 황정산 원통암 바윗길을 오를 때 시멘트 깡통을 들고 다니며 바위 위에 계단을 만들던 바로 그 지웅스님이다. 우리는 구면이다. 하긴 승속이 다르지 않고 전생과 현생이 다르지 않으니 구면 아닌 이가 누가 있을까. 입은 걸어도 가슴은 중생의 마음에 길을 내는 힘이 담겼다. 역사를 이야기하다 보니까 나랑 눈길이 한 방향이다. 아내를 곁에 두고 우리는 시간 반 정도는 소리를 높여 토론했다. 나도 스님이 좋고 스님도 나를 좋아했다.

그럴 때 일어서야 한다. 좋은 감정을 지니고 일어서야 한다. 나는 불쑥 이제 일어서야겠다고 했다. 그리고 밖으로 나왔다.

스님의 배웅을 받으며 돌계단을 내려서는데 함박눈이 내린다. 까만 나비들이 하늘 가득 몰려다니며 춤을 춘다. 온 세상이 환희이다. 이제 갈 곳이 한 곳 더 생겼다. 세상이 속 터질 때 속을 터트리지 말고 여기 와서 하늘을 터트리면 된다. 나옹화상이 참선에 들었었다는 약사굴 아래 내가 앉아 있으면 된다. 모롱이를 돌아 내려올 때까지 견나한님이 담장 위에 올라가 배웅하고 있었다.

  어둔 하늘이 환하게 밝아온다. 차를 세워 놓은 곳까지 걸어 내려올 때 함박눈이 은빛 꽃가루처럼 계속 쏟아진다. 눈은 솔멩이를 돌아올 때까지 내리더니 사기막리를 지날 때 그쳤다. 새해 첫날 속이 탁 트인다. 올해는 조금 더 너그러운 마음으로 살 수 있을 것 같다.

(2020. 1.)

알다

"할아버지, 박혁거세 왕은 알에서 태어났어요?"

한글을 막 깨우친 일곱 살짜리 손자의 물음이다.

"그렇지, 박혁거세뿐 아니라 김수로왕도 주몽도 다 알에서 나온 분들이지."

이렇게 어린 철학자는 앎의 길을 열어간다.

영화 〈말모이〉에서 조선어학회 사환 김판수 역 배우 유해진의 흐느낌 장면을 보면서 함께 울었다. 까막눈이던 그가 한글을 터득하고 소설 「운수 좋은 날」을 읽으며 오열하는 장면이다. 글자를 아는 것으로 세상을 바로 보는 구멍을 뚫은 것이다. 그리고 그는 '말모이' 사업에 거룩하게 목숨을 바친다. 글자를 깨우친 우리 손자처럼 아는 사람만이 세상을 보는 눈을 뜬다. 그래서 앎은 또 다른 앎의 길을 튼다.

사전은 '알다'의 기본 의미로 '의식이나 감각으로 느끼거나 깨닫다'라고 풀이한다. 이 밖에도 많은 확장 의미를 가지고 있다. '알다'라는 말이 의미 확장을 가져오듯 하나를 알면 더 많은 것을 알게 된다. 앎의 확산이다.

소크라테스는 '너 자신을 알라'라고 했다. 사실 이 말은 그리스의 어느 신전에 씌어 있던 말이라고도 한다. 아무튼 나는 이 말을 '너의 무지함을 알라'는 말로 이해하고 살았다. 무지를 아는 것도 아는 것이니까 말이다. 그런데 다시 생각해보니 철학의 대상을 자연 중심에서 인간 중심으로 바꾸기 시작한 말인 것 같다. 나를 알아야, 나의 지적 수준을 알아야, 나의 육체적 능력을 알아야, 나의 개성을 알아야, 나의 영혼을 알아야 삶의 여정에서 수없이 부닥치는 선택의 순간에 바른 선택을 할 수 있을 것이다. 그래서 소크라테스의 가르침을 '너의 영혼을 바로 알라'로 다시 해석하기로 했다.

어떤 스님의 설법을 들으니 '알다'는 '알卵'에 동사의 종결어미 '-다'가 붙어 이루어졌다고 한다. 말이 되는 말씀이다. 알은 생명의 시작일 뿐 아니라 앎의 시작이기도 하다. 겉모습만으로 알을 설명할 수는 없다. 속을 들여다보아야 노른자도 있고 흰자도 있고, 생명의 근원이 되며, 인간도 결국 일종의 알인 난자에서 기원한다는 철학적 의미를 알 수 있을 것이다. 이 또한 앎의 확산이다.

어떤 사람은 '알다'의 '알'은 천손이고 생명의 신이라고 한다. 난생신화만이 아니라, 알라신, 알타이, 우랄, 알프스 같은 신과 관련된 말들이 '알'로 시작되는 것도 우연이 아니다. '알'

은 정신을 뜻하는 '얼'과도 관계가 있을 듯하다. 알은 육체와 정신을 포함하는 생명의 근원이다. 결국 앎이 삶을 선택하는 기준이 되지 않는가.

  '알다'는 사상과 영혼을 주관하는 알에서 근원한다. 우리의 육체 안에 깃들어 있는 신god이다. '알다'를 뜻하는 한자 지知에 화살시矢가 있는 것을 보아도 '알다'라는 신은 삶의 길을 선택하는 기준이고 과녁이다.

(2019. 1.)

2 꿈

고희古稀의 꿈

 나는 지금도 꿈을 꾼다. 그 꿈은 날마다 조금씩 변하고 다듬어진다. 새벽에 침대에 누운 채 공깃돌 다듬듯이 꿈을 갈고 고른다. 글을 구상하고 수필 창작 강의 내용을 공그르고 휘갑치기 한다. 그때마다 꿈은 변화한다. 꿈이 변화하는 것은 내 생명이 실존하고 있음을 의미한다. 꿈이 꿈틀거리는데 나이가 전제되는 건 아니다. 다만 그 꿈을 실현하는데 나이에 대한 선입견이 걸림돌이 된다.

 '사람이 일흔까지 사는 일은 예로부터 드문 일이다.[人生七十古來稀]' 나는 이 말을 수정하고 싶다. 이 말에는 일흔이 되면 꿈을 갖지 말라는 간교한 가르침이 숨어있다. 그래서 나는 이 말에 분노한다. '생生'이란 동사는 '산다'라는 막연한 뜻 외에도 '꿈을 품었다'라는 가슴 벅찬 의미를 함축하고 있다. 고희古稀라는 말은 인제 꿈을 버리고 그냥 죽음을 기다리라는 말로 들린다. '꿈의 실현에 나이라는 걸림돌을 자각하라.' 세상은 이렇게 고희의 꿈을 뭉개버린다.

'일혼에 마음이 하고자 하는 바를 따라도 법도를 넘어서는 일이 없었다.[七十而從心所欲 不踰矩]' 공자는 당신의 일혼을 이렇게 회고하였다. 일혼이 되어 법도에 어긋난 일은 생각조차 하지 않았다면서 인격의 완성이란 의미를 담아 말한 것이다. 너희도 일혼이 되면 이 정도의 완성을 이루어야 한다는 주문이다. 사람들은 터무니없는 스승의 요구를 다시 묻지도 않고 따져볼 것도 없이 그냥 받아들인다. 법도를 넘어서는 일을 밥 먹듯 저지르는 사람도 제 나이 일혼을 '종심從心'이라고 거리낌 없이 일컫는다. 일혼에 인격의 완성을 이루었다고 가정하더라도 그럼 그때부터는 무엇을 하면서 살아야 하는지 궁금하다.

신축년을 맞으니 문득 일혼이 되었다. 어제는 예순이었는데 오늘은 일혼이다. 사람들은 드문 일이라면서 완성을 말하는 바로 그 고갯마루에 내가 섰다. 허 참 기막히다. 나도 종심從心이라고 말하고 싶다. 그러나 법도에 어긋나지 않기는커녕 뚫린 담벼락을 엿보고 싶어 참을 수가 없다. 저지레란 씨앗이 꼼지락거리더니 꼬물꼬물 유구踰矩의 싹을 틔운다. 그러니 종심을 감히 입에 담을 수 없다. 그럼 고희라고 말할까. 그건 내가 싫다. 꿈을 꾸지도 말고 앉아서 죽음을 맞으란 말이 아닌가. '나는 이제 고희여', '고희인 걸' 하고 말하면 말할 때마다 시나브로 고희의 꿈이 사위어버릴 것만 같다.

나는 일혼이 되어도 절대 꿈을 포기하지 않겠다. 일혼에도 수필을 공부하고 날마다 문우들을 만나고 차를 마시며 글을 토론하면서 꿈을 현실화하겠다. 이른바 아시타비我是他非로 선택적 정의가 범람하는 우리 사회가 수필적 사고로 정화되는 날까지 묵묵히 하던 일을 하겠다. 사람들은 꿈을 접는 것이 당연하다고 여기겠지만, 일흔의 아침에도 새로운 꿈을 조몰락거린다. '그냥 살아. 나이도 있는데', '건강을 생각하셔야지.' 이런 말들이 위로와 격려로 들리지 않는다. 일흔의 꿈도 시대적 요구이고, 일흔에 하는 일이 더 소중하다고 인정해 달라. 나의 일흔을 제발 내 꿈대로 살게 그냥 두어라. 고희의 꿈은 밟아도 된다는 법은 없다.

고희의 꿈이 더 소중하고 시급한 것은 잠시만 생각해보면 바로 알 수 있다. 한 삼십여 년 전에 시장에서 『천기대요天機大要』를 한 권 샀다. 숱이 많지도 않은데 일상의 길흉화복을 점치고 방어하는 요목을 담은 기막힌 책이었다. 『천기대요』가 시키는 대로 내 사주를 봤는데 현실과 딱 맞는다. '초년에 가난하고 허약하여 고생하다가 청년에서 중년까지 남을 가르침에 정진하여 말년에는 사람들의 존경과 따름을 받으며 장수하다가 예순일곱에 죽는다.'는 뭐 이런 이야기이다. 말년은 잘 모르겠지만 중년까지 운은 거의 일치한다. 아흔 살까지 글을 쓰려 했는데 예순일곱이 천명이란 말이 마구 걸렸다. 서둘러 수필집을 내고 환갑을 넘어 정년을 2년이나 남겨놓고 직장을 버렸다.

그런데 정말로 예순일곱에 『천기대요』가 시키는 대로 운명을 다할 뻔했다. 『천기대요』에 믿음이 생기니 30년은커녕 10년도 자신할 수 없게 되었다. 그래서 더 조급하다. 그럴수록 내 속내를 모르는 가족이나 이웃에겐 가관可觀일 것이다.

  아무도 챙겨주지 않는 고희년古稀年 다이어리를 강의하는 평생교육원에서 챙겨주었다. 첫 장을 펼치니 버킷리스트bucket list를 적어 놓는 카드가 나왔다. '죽기 전에 달성하고 싶은 목표 목록'이란다. 의미는 그렇지만 신축년에 이루고 싶은 소망 목록이라 생각했다. 많지도 않다. 적어 놓고 보니 생전에 남기고 싶은 책이다. 몇은 금년에 가능하다. 꿈을 이루려면 건강에 무리가 따를 수 있다. 그래도 나는 이런 가당찮은 꿈을 꾸고 산다는 것을 이해해 줬으면 좋겠다. 꿈은 남에게 거는 기대가 이루어 주는 것이 아니라 내가 채워야 할 그릇에 담아내는 것이다. 하늘은 그릇만큼만 기대를 채워준다. 나는 고희를 맞는 아침에 그걸 깨달았다. 그냥 살라는 주변에게 기대어 메아리도 없는 기대를 걸면서 살 필요도 없다.

  누가 고희의 꿈을 뭉개도 분노하지는 말자. 그건 그냥 그의 생각일 뿐이라 생각하자. 나는 그냥 내 꿈대로 살자. 그래 맞아. 그냥 사는 거야. 좌고우면左顧右眄할 것 없이 내 그릇 크기만큼 나의 꿈대로 말이다. 내 버킷리스트를 내 일흔의 그릇에 내가 차근차근 채워나가는 것이다. 이루어지지 않아도 절망할 필요는 없다. 'hope against hope'라고도 하지 않는가. 그것이 진정 일흔이란 나이를 생각한 그냥이다.

    일흔에 꿈을 갖는 것은 고래희古來稀라고 하지만 나는 고희의 아침에 새뜻한 내 꿈을 꾼다. 떠오르는 고희년古稀年 태양이 참 곱다.

(2021. 1.)

미음완보微吟緩步하는 느림보

『느림보의 수필 창작 강의』.

최근에 펴낸 수필 창작 이론서이다. 하늘이 내린 숙제처럼 짊어지고 살았는데 고희에 이르러 가까스로 등짐을 벗었다. 그래서 표제에 느림보라는 이름을 넣었다.

사람들은 나를 '느림보'라 부른다. 느림보, 느림보 형, 느림보 선생, 나도 이렇게 불리는 것이 좋다. 나의 모든 것은 이름이라는 그릇에 담기는 것이고, 그것은 내가 담고 싶다고 담기는 것도 아니기 때문이다.

삼십 대 중반이었던 1980년대는 온 세상이 숨 쉴 틈도 없이 허겁지겁 역사의 길을 질주하던 때이다. 특히 정치나 경제는 과정보다 결과를 중시하는 풍조가 지배하였다. 등소평은 '검은 고양이든 흰 고양이든 쥐만 잡으면 된다.'며 중국 경제를 채근했다. 누구나 '꿩 잡는 매'가 되는 것을 정답으로 여겼다. 통치자들은 폴 비릴리오Paul Virilio가 창시한 이른바 드로몰로지Dromology라는 질주학을 내세우며 민중을 압박하는가 하면 민중은 민주주의 지향하여 저항하였다.

느림보라는 이름을 얻은 것은 이런 질주의 시대였다. 아이들이 교실에서 내다보면 언덕길을 느릿느릿 걸어서 출근하는 담임선생이 보인다고 했다. 그런데 느린 걸음을 계산하며 해찰을 부렸다가는 큰코다친다는 것이다. 순식간에 교실에 와 있기 때문이다. 느린 걸음을 따라가려 해도 어느새 산모롱이를 돌아 사라져 버리고, 느림보 걸음으로라도 언젠가는 도달해 있다는 것이다. 질주의 시대에 곧 스무 살 청년이 될 아이들이 내게 느림보라는 이름을 준 것이다.

술좌석에서 그 이야기를 했더니 마음이 통하는 친구가 이제부터 '완보緩步'라고 부르겠다고 했다. 그런데 언뜻 '미음완보하여 시냇가에 혼자 앉아 명사鳴砂 좋은 물에 잔 씻어 부어들고' 하는 정극인의 「상춘곡」이 생각나서 멈칫했다. 내게는 그만한 여유도 없고 그런 삶이 부럽지도 않았다. 그러나 제자들의 의미 부여가 불우헌不憂軒 선생의 여유보다 더 깊게 다가왔다.

아버지께 그 말씀을 드렸더니 탐탁해하시는 표정이 아니었다. 호라는 것은 넌지시 의미가 전해져야지 느릿느릿 걷는 사람이라는 직설을 쓰는 건 좋지 않다는 말씀이다. 아이들이 말해준 완보의 의미를 말씀드리니 숨은 의미가 좋으니 괜찮겠다고 하셨다.

호를 쓸 일이 별로 없어 아주 가까운 친구들이나 '완보'라고 불러주었다. 그런데 세월이 지나 인터넷에 애칭을 쓰는 것이 유행하였다. 자연스럽게 완보보다 부르기 편한 '느림보'를 겸하여 쓰기 시작했다. 2000년 5월에 지금 블로그 이전 형태인 인터넷 칼럼을 만들면서 이름을 '느림보의 세상 사는 이야기'로 하였다. 아이디도 느림보의 이니셜로 'nrb'을 응용하였다. 회원이 500여 명에 이르자 온전히 느림보가 되었다. 회원들은 '느림보님' 친구들은 '느림보', 아이들은 '느림보 선생님'으로 그냥 느림보로 통했다. 경제도 정치도 민주화도 빠른 속도로 진행되고, 온 세상이 질주하는 시대에 나는 느림보를 고수한 것이다.

아는 분 중에는 '느림보가 아니라 빠름보여.'라고 하는 이도 있고, '왜 하필 느림보여 그러니까 승진도 못 하지.' 하는 이도 있었다. 특히 아내는 내가 느림보로 불리는 것을 마땅찮아했다. 아마도 말은 하지 않았지만 승진할 나이가 됐는데도 서두르지 않고 노각처럼 늙어가는 것이 보기 싫었을 것이다.

인제는 온 세상이 느림보가 되었다. 드로몰로지가 세상을 다그칠수록 여유로운 삶이 간절한 소망이었는지 '느림보 산악회, 느림보 강물 길, 슬로 시티, 느림의 미학'처럼 세상은 온통 느림보가 대세이다. 사람들은 유행을 좇는 걸로 생각하겠지만, 선각자처럼 나는 이미 느림보로 불린 것이다. 아무려면 어떠랴. 세상이 느림으로 질주를 보완하려 하니 그런 변증법적 사유 또한 삶의 예지가 아니겠는가.

　나는 아이들이 얹어준 느림보라는 진정한 의미를 잃지 않고 살려고 애쓴다. 등단 20여 년이 되자 수필가로 알려지기 시작했다. 그래서 처음 개설할 때 '느림보의 세상 사는 이야기'였던 블로그의 이름을 '느림보 이방주의 수필 마루'로 바꾸었다. 느림보는 놓지 않고 '이야기'를 '수필'로 조심스럽게 올려 보았다. 내친김에 수필 창작 이론서 표제도 느림보가 강의한다고 던져 보았다.

　돌이켜보면 본래부터 작은 그릇으로 태어난 '느림보 이방주'는 갈만한 데는 다 갔다는 생각이다. 인생이라는 크지 않은 그릇에 인제는 담을 만큼 다 담았다. 본래 작은 그릇임을 알고 서두르지 않았지만 쉬지도 않았기에 천천히 눌러 담을 수 있었을 것이다. 이제는 더 담을 여유가 없으니 세상이 담아준 열매를 흘리지나 말아야겠다. 지금은 이순을 바라볼 제자들이 바라던 느림보가 되는 것이다. 낮은 소리로 읊조리며 시냇가를 산책하다가 커피 맛이 좋은 카페를 찾아가는 여유로 말이다.

(2021. 5.)

연꽃공원 가는 길

 모롱이만 돌면 연꽃공원이다. 팍팍한 허벅지를 달래어 페달을 밟고 또 밟았다. 모롱이를 돌자마자 건너야 할 나무다리는 나지막한 오르막길이다. 가속을 이용해서 힘차게 밟으니 쉼터에 사람들의 모습이 보인다. 나는 손을 번쩍 들어 인사라도 하고 싶었다. 이 30km가 다른 사람들에겐 일상이지만 나에게는 뿌듯하다. 연꽃공원을 한 바퀴 빙 돌았다. 세종시에서 조천과 미호강이 만나는 둔치에 만든 연꽃공원은 아담하고 예쁘다. 연꽃이 만발했다. 드문드문 연실蓮實도 비쭉비쭉 올라왔다. 사람들이 비아냥거리는 것 같아 꼭뒤가 부끄럽다.

 중학교 입학할 때 다른 친구들은 원거리 통학에 필수품인 자전거를 샀다. 나는 아이들이 자전거 배우는 걸 멍하니 바라만 보아야 했다. 등굣길에서도 자전거를 타고 달리는 아이들에게 길을 피해줘야 했다. 때를 놓쳤기에 집안 형편이 나아졌을 때는 자전거가 쓸모가 없었다. 자전거를 탈 줄 몰랐기 때문이었다. 이미 고수가 된 친구들에게 자전거 타기를 배우기도 싫었고 배우는 걸 보이기도 창피했다.

　몇 해 전 교직에 있을 때였다. 여고 2학년을 담임했는데 아이들이 소풍 때 무심천 자전거도로로 하이킹을 하기로 정했다. 이것은 내겐 감당하기 어려운 사건이었다. 나는 이런저런 핑계를 대며 허락하지 않았다. 자전거는 대여하면 되고, 자전거도로는 초보자도 그렇게 위험하지 않다는데도 말이다. 한 아이가 '선생님 혹시 자전거 못 타시는 거 아녜요?'라고 하며 나의 치부를 건드렸다.

　바로 자전거를 샀다. 아들의 코란도 승용차에 싣고 모교인 초등학교 운동장으로 갔다. 아들이 일러주는 대로 오른발을 페달에 올려놓고 왼발로 한번 땅바닥을 차고 나서 계속 밟으니까 몇 번 기우뚱대다가 앞으로 나아간다. 이렇게 하기를 서너 차례 반복하니 밟으면 나아가는 게 자전거였다. 이삼십 분이면 이루는 것을 왜 그렇게 오랜 세월을 마음 불편하게 살았는지 모르겠다. 옹색한 자존심을 내려놓을 용기를 내지 못한 대가로 오늘까지 치른 불편은 너무나 컸다.

　무심천 자전거도로에 진출하는 데는 시간이 더 필요했다. 차도도 지나야 하고, 내리막길 오르막길도 있고, 다리도 건너야 한다. 그런 장해물이 내게는 삶의 어려움으로 생각되었다. 하루는 신호에 맞추어 횡단보도를 건너는 연습을 하고, 또 다른 날은 내리막길을 내려가는 연습을 했다. 새벽마다 가까운 주중리 들판에 농사꾼이나 된 듯 농로를 헤집고 다녔다. 무릎에는 개구쟁이 딱지가 떨어질 날이 없었다. 이런 때늦은 투쟁은 옹졸한 자존심을 내려놓아야 하는 용기도, 넘어지면 바로 일어서야 하는 투지도 내게 요구했다.

무심천 자전거도로에 나가는 첫날 바로 조천연꽃공원까지 갈 수는 없었다. 근력이나 지구력이 허락하지 않았다. 두세 번 다녀온 다음에 드디어 연꽃공원을 목표로 삼았다. 왕복 60km도 안 되는 길이 그렇게 멀리 느껴졌고 그렇게 힘겨울 수가 없었다. 어렵게만 느껴졌던 오르막길 내리막길에서도 마주치는 사람들과 인사를 나누는 여유도 생겼다. 인제는 조천연꽃공원은 내게도 일상이 되었다.

평생교육원 수필창작교실 수강생인 문우들에게 부여 궁남지에서 여름학기 마지막 합평회를 갖자고 했다. 궁남지 너른 연밭에 진흙을 헤치고 나와 곱게 피어난 연꽃을 바라보면서 수필 문학을 이야기하고 싶었다. 무의미한 일상을 의미 있는 언어로 승화시키는 수필을 이야기하고 싶었다. 처음 글을 쓰는 이들은 내가 자전거를 처음 배울 때만큼이나 자신을 드러내는 데 용기가 필요할 것이다. 그러나 결핍이라 생각되는 것을 드러내는 것이 부끄러움을 해결하는 지름길이라는 것을 우리는 잘 알고 있다.

문우들도 나처럼 연꽃 만발한 연꽃공원을 갈망하고 있을

까? 대중에게 수필 문학을 전하고자 하는 내 소망을 조금이라도 이해할까? 사실 연꽃이 만발하는 연꽃공원은 궁남지만이 아니다. 수필의 꽃을 피울 수 있는 곳이면 어디라도 상관없다. 그분들은 연꽃공원에서 수필적 사고로 세상을 바라보는 생활의 모티프를 얻을 것이고, 나는 대중에게 수필의 세계로 다리를 놓아주는 힘을 얻을 것이다. 아무리 험하더라도 가야 하는 길이다.

이제 나의 자전거가 미호강과 조천이 만나 금강이 이루어지는 연꽃공원에 도달했으니 수필창작교실도 그분들의 소망에 맞는 연꽃공원 가는 길을 찾아야 한다. 궁남지도 그 하나라고 생각한다. 거기에는 수필 문학이라는 연꽃이 활짝 피어 있을 것이다. 혹 봉오리로 맺혀 있더라도 걱정할 건 없다. 홍련도 피어 있을 테고 백련도 필 것이다. 아니 소담스러운 황련도 있을 것이다. 활짝 핀 연꽃만 아름다운 것은 아니듯이 가시연도 부레옥잠도 나름의 멋을 낼 것이다. 내가 지향하는 연꽃공원에는 수필 문학을 꿈꾸는 대중이 지금보다 더 많은 꽃으로 피어났으면 좋겠다. 마침 이름도 궁남지이니 수만 평에 만발한 각양각색의 연꽃이 아름다움을 자랑하듯 경연經筵을 벌였으면 좋겠다.

(2015. 6.)

꽃보다 아름다운 것

삶은 물들이기이다

당나라 시인 두목杜牧(803~853)의 칠언절구 「산행」의 결구에 '상엽홍어이월화霜葉紅於二月花'란 명구가 있다. '서리 맞은 단풍이 이월의 꽃보다 곱다'란 말이다. 정말 그렇다. 진달래를 봐도 봄꽃보다 가을 단풍이 곱고 아름답다.

지난가을 단양 황정산 원통암을 답사했다. 원통전 용마루가 보이는 마지막 비탈길에서 문득 발길을 멈추었다. 단풍나무 아래 소복하게 떨어져 쌓인 단풍잎이 수놓은 비단보다 아름다웠다.

원통암은 십수 년 전 불의의 화재로 잿더미로 변해 버렸었다. 스님은 천막을 치고 살면서 원통전 복원을 위해 힘겨운 노력을 했다. 게다가 그해 큰물까지 나서 절에 올라가는 오솔길마저 다 쓸려나가 단단한 각오 없는 신도는 갈 수조차 없었다. 천년 고찰이 존폐 위기에 놓인 것이다. 어느 해 황정산 등산을 가다가 스님 혼자서 길을 다듬고 있는 것을 보았다. 스님은 고행이 아니라 수행이라 했다. 그 후 스님의 끊임없는 노력으로 완전히 복원되어 절경 속의 도량을 이루었다.

뜻은 저기에 있는데 여기 놓인 돌무더기가 너무 커서 힘겨울 때 나는 황정산 원통암을 찾아간다. 노년의 색깔은 젊은 날 삶의 모습에 의해 정해진다. 삶은 결국 나무의 물들이기와 같다. 스님의 수행과정도 결국은 물들이기이다. '물들이기를 잘하면 떨어진 단풍이 꽃보다 더 곱다.'라는 진리를 거기서 깨달았다.

나는 노년에 이렇게 물들이기를 한다

2013년 8월, 40여 년 교직에서 퇴직했다. 갑자기 젊은 교사들에 비해 내가 게을러지고 있다는 느낌이 들었다. 그래서 정년까지 2년이 남았지만 꿈의 직장이라는 교직을 훌훌 던져버리고 나왔다.

막상 사회에 나오니 나를 기다리는 곳은 아무 데도 없었다. 방송국 작가를 모집한다기에 이력서를 내보았다. 낙방이다. 아마 어이없었을 것이다. 건물 관리인, 상담원, 관공서 업무 보조 등 어디서도 나를 원하는 곳은 없었다. 심지어 학교 도서관에서 무료봉사를 하겠다고 했다가 거절당했다. 시들어 떨어진 나뭇잎이 되는 것 같아 초조했다.

무엇을 할까 고민하다가 지역 대학 평생교육원의 '평생교육

강사 교육 과정'에 등록하였다. 한 학기 동안 평생교육원 강사로서 갖추어야 할 소양을 재미있게 수강했다. 2014년 3월 그 대학 평생교육원에 수필창작교실 강좌를 개설했다. 수강생이 20명이 넘으면 몇 명은 양보하도록 설득하여 15명만 알차게 지도하려고 마음먹었다. 기대와 달리 고작 7명이 등록했다. 다음 학기에는 5명도 안 되어 폐강되었다. 등단 후 20년 가까이 수필가로 활동했고, 고등학교 문학 교사로 '잘 나갔던 나'라고 생각하니 참을 수 없이 부끄러웠다. 물들이기도 못한 채 말라버린 나뭇잎 신세가 된 것이다.

이때부터 가끔 답사하던 산성과 산사를 자주 찾아가게 되었다. 주제도 없이 도피하는 마음으로 산성을 찾아다녔다. 그런데 운주산성에 갔다가 고산사 주지 정대스님께 백제부흥운동에 대해 들었다. 백제부흥운동은 어렴풋이 알고 있다가 스님의 말씀에 빠져서 헤어날 수가 없었다. 스님은 운동사에 얽힌 전설은 물론 산성과 산사와 백제부흥운동과의 관련성에 대해 내가 가닥을 잡을 수 있도록 한 실마리를 짚어 주었다. 그렇다. 산성 산사 답사는 백제부흥운동사라는 화두로 시작해야 한다.

어떤 일에 주제가 정해지면 거기에 빠져들게 된다. 매주 2회 이상 산성과 산사를 답사했다. 잘 알려지지 않은 산성을 찾고 문헌을 바탕으로 어느 정도 이해한 후 답사하면 보이지 않던 사실이 보였다. 백제의 산성 아래에는 거의 백제의 산사가 있다. 산사에 가면 부흥운동사와 관련된 비화를 들을 수 있다. 스님에게도 듣고, 공양주 보살에게도 듣고, 신도에게도 들었다. 숨겨진 역사는 전설에서 실마리를 찾아 빛을 보게 된다. 실마리를 찾으면 문헌을 통해 정리할 수 있다. 이렇게 답사한 결과를 답사기로 정리했다.

산성 산사에 가지 않는 날은 수필 창작에 대한 이론 공부를 했다. 전국의 대학 평생교육원에서 수필 창작 지도를 하고 있는 교수들의 저서를 구해서 읽고, 내가 수필 공부를 해온 실제를 이론에 접목시켜 나름대로 창작지도 요목을 정리했다. 6개월 동안 두 가지 일로 매우 바쁘게 지냈다.

이듬해 청주교육대학교 평생교육원에 수필창작강좌 개설 신청을 냈다. 12명이 등록했다. 창작 실제에 이론을 바탕으로 지도했다. 수강생들이 빨리 이해하고 바로 작품에 적용하여 창작 능력이 빠르게 향상되었다. 수강생들은 수필의 소재가 될 만한 생활 철학을 이미 지니고 있었고, 가슴에 정서도 품고 있었다. 그것을 밖으로 표출하는 방법만을 귀띔해주면 된다. 다음 학기에는 수강생이 15명이 넘어 혼자 지도하기 힘겨워졌다. 지금까지 네 분을 수필가로 등단하도록 추천도 하였다. 앞으로도 등단하는 수강생이 더 늘어날 것으로 확신한다.

이런 과정에도 산성 산사 답사는 계속했다. 2013년부터 2017년까지 167개의 산성과 산사를 찾아다녔으니 거의 1,400㎞를 걸은 셈이다. 2017년 10월 그동안 답사한 산성과 산사 가운데 백제부흥운동사와 관련이 있는 제재만 가려 65편의 수필을 모아 수필과비평사에서 『가림성 사랑나무』라는 수필집을 냈다.

교학상장敎學相長이란 말이 있다. 가르치면서 서로 성장한다는 말이다. 『가림성 사랑나무』는 나 혼자만의 결실이 아니라고 생각한다. 수강생에게 수필 창작을 지도하면서 나도 함께 성장한 것이다.

지난해 11월, 수강생들이 『가림성 사랑나무』의 탄생을 축하하는 조촐한 북 콘서트를 열었다. 꽃향기 아름다운 아담한 카페에 100여 명이나 모여 우리를 당황하게 했다. 나는 이 자리에서도 오만하지 않으려고 노력했다. 『가림성 사랑나무』를 읽으려면 필요한 산성과 산사에 대한 기본 상식을 중심으로 강의한 후 질의응답 시간도 가졌다. 축하 노래까지 곁들여 거의 두 시간 진행된 북 콘서트가 조금도 지루하지 않았다는 후문이다. 수강생들은 내가 베푼 것보다 더 큰 사랑을 내게 베풀어 주었다.

떨어진 단풍이 꽃보다 아름답듯이

2018년 나는 아직도 젊은 67세가 된다. 김형석 교수는 60세로부터 85세까지가 인생의 황금기였다고 회고했다. 결국 이 때를 인생의 황금기로 만들라는 가르침이다. 이제 은퇴 5년에 접어든다. 5년간 나는 하루하루 씨앗을 심는 마음으로 살아왔다. 사람과의 만남에서, 몸을 단련하기 위한 운동에서, 산성과 산사를 답사하는 산길에서, 수필창작교실에서 나는 미래의 큰 나무를 생각하며 한 알의 씨앗을 심는다. 사람들은 흔히 국가와 사회에 봉사하는데 자신을 헌신한다고 말한다. 나는 씨앗을 심는 순간마다 남보다 나를 위한다는 생각이 먼저이다. 내가 뿌린 씨앗이 국가와 사회에 긍정적인 열매를 맺을 수도 있겠지만 결국은 내 인생의 빛깔을 위한 일이 아니겠는가. 현직에서도 그랬었지만 지금도 내 인생의 빛깔을 위해서 씨앗을 심는다.

가뭄 속에서도 물들이기에 정진한 원통암 앞에 서 있는 단풍나무, 잿더미 위에서 끊임없이 수행한 스님이나, 조촐한 북 콘서트에서 감격한 『가림성 사랑나무』 저자나 자신의 빛깔 고운 내일을 위해 오늘은 한 알의 씨앗을 심은 것이다.

떨어지는 단풍이 아름다운 것은 결코 그냥 오는 것은 아니다. 아름다운 꽃과 아름다운 열매를 위한 씨앗을 심어야 한다. 날마다 새로운 씨앗을 심는 마음으로 살아야 떨어진 단풍도 아름답고 노년이 행복할 것이다.

(2018. 1.)

느림보 서재, 소를 기다리다

나는 여기서 소를 기다린다. 아침에 나간 소는 아직도 저기에 누워 있는데도 말이다.

서재에서 커튼을 올리면 308동과 309동 사이로 누워 있는 소의 형상이라는 와우산臥牛山 마루가 세 뼘쯤 보인다. 십 년쯤 전에 집을 줄여 이곳으로 이사하면서 서재도 말도 안 되게 줄었다. 그나마 아침마다 청주의 진산 와우산 마루를 대할 수 있어 다행이다. 상당산 우백호인 백화산 등마루로 퍼지는 동살을 맞을 수 있는 것도 덤이라면 덤이다. 백화산의 한 줄기인 발산은 여신의 부드러운 오른팔처럼 청주 북쪽 마을들을 포근하게 안아 끄트머리에 마애비로자나 부처님을 이루고 무심천으로 스며든다. 그렇게 큰 품안에 아주 작은 느림보 서재가 안겨 있다.

앉아있는 자리는 좁은 달팽이집이지만, 상상만은 와우산, 백화산, 발산이 품어 안은 수름재 그 언덕이다. 여기서 나는 수필을 공부하고 수필을 쓰고 수필 강의를 준비한다. 아무리 큰 사람도 앉을자리는 한 평을 넘지 못한다. 그러나 사유의 자리는 한 평을 다 채우지 못할 수도 있고 일만 평이 부족할 수도 있다. '수필은 일상의 철학적 해석이다.'라는 나의 정의에 따라 해석이나 상상하는 자리로 부족함은 없다. 상상은 공간이나 시간에만 머물지 않기 때문이다. 서재로 드는 좁은 벽에는 청곡 선생이 친 난초가 사시로 청초한 꽃 한 송이를 피우고 있다. 암향부동은 상상으로 감지한다. 바로 옆자리에 지금은 화가가 된 제자 양영주가 중학교 때 그린 수채화 한 점이 걸려 있다. 욕심 없는 그림 속에서 오래된 초가집 돌담을 돌아 우공牛公이 어슬렁어슬렁 느림보 걸음으로 돌아 나올 것만 같다. 이제 나이 들어 내려놓을 걸 내려놓으면서도 나간 소를 기다리는 마음만은 버릴 수 없으니 상상이나 사유만 있으면 서재는 충분하다.

 서재에 걸린 부모님 사진은 그분들에 대한 그리움을 깨우치면서도 아픔을 어루만져 준다. 서른 몇 살에 어느 여고에서 귀거래사를 수업할 때 누군가 찍어준 사진이 나를 젊음에 머물게 한다. 첫 작품집 『축 읽는 아이』 출판기념회 사진은 수필에 대한 첫 마음을 깨우친다. 중요무형문화재 56호 종묘제례 초헌관으로 봉행한 사진도 언제나 내 발걸음 꼿꼿하게 한다. 나를 낳아 기르신 건 부모님이지만 나를 홀로 서게 한 것은 교직이다. 선생을 직업으로 하면서 나는 집을 장만하고 아이들을 낳아 기르고 공부시켰다. 뿐만 아니라 나는 아이들을 가르친 것보다 아이들에게 배운 것이 더 많아 수필가가 될 수 있었다. 그래서 이 사진들을 치울 수가 없다.

  은퇴 이후 수필에 전념하면서 나를 키운 것은 느림보 서재에 꽂혀 있는 책들이다. 손을 뻗으면 닿을 만한 자리에 『소학』, 『논어』, 『장자』, 『노자』, 『시경』, 『문심조룡』이 있다. 논어는 나를 붙잡아 두지만, 노자는 내게 감긴 이념의 사슬을 풀어준다. 『문심조룡』을 가끔 한 구절씩 읽으며 교만함을 다스린다. 스승이신 최운식 교수님의 『생명을 관장하는 북두칠성』과 몇 권의 저서들은 사유의 원형이 되었다. 안성수 교수의 『수필 오디세이』는 수필 강의의 주추를 놓아주었다. 신재기 교수의 『수필 창작의 원리』와 서른 권 남짓 이론서나 평론집은 작품 창작이나 수필 강의의 기둥이 되고 서까래가 되었다. 나는 수필은 일상의 철학적 해석이라고 늘 말한다. 철학적 교양이 있어야 깨달음의 눈을 뜨게 되고 철학적 사유와 상상을 하게 마련이다. 신영복 교수의 『담론』이나 『강의』 같은 몇 권의 책이 바로 가까이에 꽂혀 있다. 박찬국 교수의 니체 해설을 읽으면서 존재에서 관계로 이어지는 화두를 깨달으면 우리네 수필도 일상을 철학으로 개념화하는 데 모자라지 않다.

  21세기 수필의 새로운 방향을 모색하려면 새 시대를 읽어야 한다. 한국의 역사와 세계의 역사 그리고 우리 청주의 역사를 정리한 도서들을 모아 읽고 여기저기 서재 구석에 쌓아두었다. 최근에 관심을 가지기 시작한 수필에 섹슈얼리즘의 수용을 위해 사들인 문학과 섹슈얼리즘, 에코페미니즘, 한국인의 DNA 같은 책들은 방문하는 이들에게 민망할 때도 있다. 몇 권이나 될지 알 수도 없는 시집은 꽂아 놓고 수필집은 쌓아 놓았다.

좁은 서재에 책상은 둘이나 된다. 앉은뱅이책상은 독서를 할 때, 의자 책상은 글을 쓸 때 사용한다. 서재는 너저분하다. 읽는 중인 책, 읽어야 할 책, 방금 들어온 책으로 책상 위나 주변이 늘 어지럽다. 아내는 정리되지 않아 너저분한 내 서재에 불만이다. 그러나 너무 좁아 정리할 수도 없다. 그래도 어떤 책이 필요하면 바로 찾아내고 책이 한 권 없어져도 금방 알아챈다.

복잡하고 어지러운 중에도 정리된 서가가 있다. 내 졸저를 꽂아놓은 한 칸이다.『축 읽는 아이』,『손맛』,『풀등에 뜬 그림자』,『여시들의 반란』,『가림성 사랑나무』,『들꽃 들풀에 길을 묻다』,『부홍 백제군 발길 따라 백제의 산성 산사 찾아』는 수필집이다.『덩굴꽃이 자유를 주네』는 수필선집이다.『해석과 상상』은 평론집이고,『느림보의 수필 창작 강의』는 창작 이론집이다.『윤지경전』은 고전소설『윤지경전』을 초중학생이 읽기 쉽게 다시 쓴 책이다. 내 저서로 서가 한 칸을 다 채우지 못해

다행이다. 그 자리에 목성균 선생의 수필집 『누비처네』를 꽂았다. 그래도 공간이 남아 손광성 등이 번역해 엮은 『아름다운 우리 고전 수필』을 꽂을 수 있었다. 이제 지금 계획하고 있는 마지막 수필집이 완성되면 존경하는 목성균 선생님에게는 죄송하지만 『누비처네』는 옆 칸으로 이사해야 할 것 같다.

내 서재가 여기에만 머물러 있으면 내 안에서 나가버린 마음인 소를 만날 수 없다. 상당산 법계사 가는 길을 매일 두 시간씩 걷는다. 나에게는 수행의 길이고 구도의 길이다. 법계사 심우도尋牛圖의 동자승처럼 법계인지 진여인지 소인지 깨달음을 찾으러 간다. 수필은 붓이 가는 대로 쓰는 것이 아니라 붓을 닦아 쓰는 수행의 길이다. 수행을 걸으며 사유하는 과정이라면 온 세상은 어디나 느림보 서재가 될 것이다. 걷노라면 문득 와우산에 누워있던 착한 소가 벌떡 일어나 어슬렁어슬렁 느림보 서재로 돌아올 것이라 믿는다.

(2023. 3.)

나의 소주 반세기

 아무리 좋은 자리라도 나의 소주는 딱 한 잔이다. 반백 년 소주 배움이 돌고 돌아 겨우 한 잔으로 돌아왔다. 고희를 맞은 내 삶의 영역은 딱 소주 한 잔으로 이룬 나비물만큼밖에 안 될 것 같아 마음 아프다. 한 잔을 놓고 잘라 마시고 또 잘라 마신다. 씁쓸하다.

 소주 입문은 반세기 전으로 거슬러 올라간다. 대망의 고3이 될 열아홉 살 2월이다. 학교는 2월이 헐렁하지만, 흔들리는 가슴은 가눌 길이 없었다. 학교길 고갯마루에 구멍가게를 겸한 주막이 있었다. 겨울도 봄도 아닌 나른한 오후 하굣길, 주머니를 뒤져 소주 한 병을 샀다. 병뚜껑을 이빨로 물어 열었다. 한 모금 '쭈욱' 빨아보았다. 목구멍에 '캭' 불이 붙는다. 씁쓸하다. 씁쓸하더니 달달하다. 화끈하게 남은 맛은 가슴 가득한 바로 그 맛이다. 연신 불맛에 취했다. 한 병을 다 비우고 길가 무덤 햇볕 따뜻한 제절에 가방을 베고 까라졌다. 입문하는 날은 지옥문 앞까지 갔었지만 뒷맛은 화끈했다. 씁쓸한 여운은 오래 갔다.

대학 시절 소주 학습은 막걸리로 대신했다. 낭만을 누린 것도 아니지만 쓸쓸할 것도 고독할 것도 없었다. 2년밖에 안 되는 대학생활은 막걸리처럼 시금털털했다. 졸업 후 충북 최고 벽지로 알려진 의풍학교에 부임했다. 밤이 너무 깜깜했다. 백 평 남짓한 하늘에서 별이 우수수 쏟아져 내릴 것만 같았다. 학교 앞 희끗희끗한 시냇물은 밤새워 애절하게 울어댔다. 젊음도 외로움도 참을 수 없어 밤마다 소주를 마셨다. 장이 섰다는 전설이 묻혀버린 장터거리 구멍가게에서 달걀을 한 판씩 삶아 놓고 소주를 마셨다. 함께 부임한 선배와 셋이서 계란 한 판을 다 먹으면 그만큼 빈 병이 줄을 섰고, 코에서는 달기똥 냄새가 났다. 자취방으로 돌아오는 자갈길이 하늘로 마구 솟구쳐 좌우로 흔들렸다. 취중에도 선생이란 사슬을 벗지 못해 고성을 지르지는 않았지만, 가슴에 쓴물은 소리 죽인 함성으로 소나무 옹이처럼 응어리졌다.

그러구러 서른이 넘어 고등학교 교사가 되었다. 여고 3학년을 담임했다. 날마다 밤 열한시까지 혼자 교무실을 지켰다. 소주가 좋아서 마신 것은 아니지만, 누구랑 함께 마실 기회를 원천적으로 빼앗겼다. 아이들이 모두 돌아가고 혼자 남았던 교무실을 잠그고 나올 때 외로움의 끝은 가늠할 수조차 없었다. 집과는 반대쪽으로 500미터쯤 걸어가면 단양 충주 유람선 나루터 휴게소이다. 거기 포장마차가 있었다. 한 청년이 카바이

드램프carbide lamp를 지키고 있었다. 갈 때마다 청년은 늘 혼자이다. 소주 한 병을 청한다. 첫 잔은 청년이 따라준다. 안주는 뭐였는지 기억나지 않는다. '단양고 선생님이시죠.' '그렇게 보여요?' '무척 외로워 보이십니다.' '아니 뭐 왜 그리 보이지?' 왜 그런지 다 아니까 공연히 창피스럽다. '선생님, 저는 등록금을 마련하지 못해 이번 학기 등록을 못했습니다. 다음 학기에는 꼭 등록하려고요.' 아, 소주를 마시는 것이 이 학생에게 장학금을 주는 것이구나. 그래도 혼자의 흥으로는 한 병을 다 비우지 못했다. 겨우 반병인 나의 소주 학습 진도가 미안했다. 청년은 반병 남은 소주병 뚜껑을 막아 보관했다가 이튿날 내주었다. 하루는 남은 반병을 마셔야겠기에 가고, 하루는 반병을 남기려고 그 청년에게 갔다. 청년도 혼자이고 나도 '함께'가 아니라 '혼자'였다. 청년을 보면 가슴이 먹먹해 왔다. 나의 소주 진도는 왜 이리 답답할까. 어느 날 나는 반병도 아직 비우지 못했는데 이미 꽐라가 되어버린 동료 교사들이 몰려왔다. 이때 혼자인 나의 자존감은 왜 숨고 싶었을까.

마흔을 넘어도 나의 소주는 반병을 넘어서지 못했다. 마흔둘 그 화려한 나이에 어느 인문계 학교에서 3학년 부장을 맡았다. 담임교사가 열 분이다. 첫날 회식에서 나는 최소한 열한 잔을 마셨다. 일약 반병 주량보다 한 병을 더 마신 것이다. 괄목상대할 만한 성장이다. 나의 소주 실력이 성장하는 것만큼 아이들의 성적도 향상되었다. 술이 점점 나의 영역을 확대해갔다. 이즈음 맥주에 소주를 말아 마시거나, 소주에 양주를 섞어 마셔도 끄떡없었다. 오히려 뒤끝이 깔끔해서 좋았다. 답답하고 씁쓸하고 먹먹했던 가슴이 확 뚫리는 기분이었다. 부장교사의 꽃이라는 교무부장을 맡았을 때, 전 직원 회식에 가면 여교사를 건너뛰더라도 최소한 60잔은 마셔야 했다. 줄잡아 소주 아홉 병을 탄산수 같은 청량감으로 마셔댄 것이다. 가슴에 커다란 구멍이 뚫려 바람이 거침없이 드나드는 기분이었다. 세상 모두가 내 세상이다. 시계視界가 확 열렸다. 까짓것 소주가 별거냐. 세상이 뭐 대단한 거냐. 주선酒仙인지 주광酒狂인지 모르지만 비틀거리거나 소리 지르거나 거칠 것도 없었다. 발 딛는 곳이 다 내 영역이었다.

  오십을 막 넘어섰는지, 그때 다시 시골 학교로 갔는데 소주 학습은 전성시대를 맞았다. 사택에서 살면서 날마다 원 없이 소주 공부를 했다. 기어 들어가든 업혀 들어가든 사택까지만 들어가면 된다는 안도감이 빈병 줄을 길게 세웠다. 언젠가 한 번도 함께 마시지 않았던 선배와 붙었다. 맥주에 소주를 말아 마시기 내기를 했다. 선배가 나를 무시했다. 다 멋있는데 술을 못 마셔서 퇴짜란다. 그는 그렇게 나를 몰랐다. 다른 교사가 심판을 보면서 잔을 부딪치고 마시기를 거듭하여 맥주 컵으로 아홉 잔을 마셨다. 이미 소주가 몇 순배 돌아간 뒤여서 취기가 더했다. 소맥은 달고 고소하다. 남들은 지천명이라는데 천명 대신 술맛을 알게 된 것일까. 심판이 열 잔째를 말고 있는데 드디어 선배가 항복했다. 나는 이튿날도 어김없이 제시간에 출근해서 사무실 청소를 했다. 반세기 소주 공부의 끄트머리는 뻐근함도 없고, 먹먹함도 답답함도 씁쓸함도 없었다. 그냥 달고 고소했다.

절정을 알면 내려올 줄도 알아야 한다. 환갑을 바라보는 나이에도 오만했던 나는 오지게 된서리를 맞았다. 폐에 염증이 들어 자그마치 3주나 입원했다. 학습은 거기서 멈추었다. 소주 학습 반세기가 돌고 돌아 도로 한 잔이 되었다. 그러나 고희의 한 잔이 어찌 열아홉의 한 병에 머무르랴. 한잔 술을 잘라 마시는 지혜를 학습한 것이다. 잘라 머금은 한 모금이 한 잔이 된다. 세상도 세월도 사유도 한 모금에 다 담긴다.

술이 제자리로 환원하는 동안 사유는 나비물의 영역을 넘어서게 되었다. 고희의 시선은 한잔 술에 머물지 않고 보이지 않는 세계로 향하고 있었다. 놀이도 친구도 먹거리도 손바닥만 하다. 씁쓸함도 먹먹함도 그냥 거기이다. 그러나 시선은 그냥 거기가 아니다. 그러면 거기는 어디인가. 그건 이미 주선酒仙인 송강松江이 한마디 시로 대답했다.

'바다 밖은 하늘인데 하늘 밖은 무엇인가. 깊이를 모르거니 가인들 어찌 알리.'

(2022. 10.)

완보緩步 그리고 노두老蠹

오랜만에 『간재사고艮齋私稿』를 펴보았다. 이 책은 1927년경 간행된 조선 말 성리학자인 간재艮齋 전우田愚(1841~1922) 선생의 문집이다. 팽개치듯 서가에 묻어두었는데 갑자기 궁금하다. 『간재사고』가 내 손에 들어오게 된 사연은 중요하지 않다. 소중한 고서로 알고 있기는 했으나 관심은 크게 없었다. 내용은 뚝눈으로 봐도 방대하다. 당시 학자들과 주고받은 서신은 물론 성리학에 대한 학문적 소신이 담긴 듯하다.

몇 장 넘기니 책장 일부가 지렁이 기어간 자리처럼 훼손되었다. 종이 가루가 하얗게 묻어난다. 하필이면 글자를 따라 먹었다. 좀이 슨 자리이다. 아파트에 좀벌레가 있을 리가 없으니 40여 년 전 내게 오기 전에 이미 먹은 것이다. 그것 참 희한하다. 눈에 잘 보이지도 않는 좀이 뭘 안다고 글줄을 따라 파먹었을까. 어찌했든 이놈들은 간재 선생의 사상은 통달했을 것 같다.

좀은 책뿐 아니라 옷도 갉아 먹는다. 어머니가 베틀에 앉아 손수 짠 명주로 지은 할머니 수의도 구멍을 송송 냈던 기억이 난다. 참말인지는 모르지만 이놈들은 기둥도 갉아먹어 집을 쓰러뜨리기도 한다고 한다. 아무리 우람한 나무도 5mm 정도밖에 안 되는 좀이 갉아 먹으면 무너져버린단다. 그래서 좀은 의어衣魚라 하기도 하고, 고급스럽고 커다란 물건이라도 하얗게 가루로 만들어버린다고 해서 담어蟫魚, 백어白魚라고도 한다. 어린 시절 장롱에서는 예외 없이 좀약 냄새가 났고, 아버지 책장에도 냄새로 좀을 쫓아냈던 기억이 코끝에 아련하다. 좀벌레 중에서 우리나라에 많이 서식했던 놈은 서양좀벌레라고 한다. 서양에서는 하얗게 가루를 내서 그랬는지 제 몸통이 하얘서 그랬는지 silverfish라고 한다. 동서양을 넘어 왜 좀을 물고기라 했는지는 모르지만 은어라 번역하기보다는 늙은 물고기가 어울릴 것 같다.

 은퇴 이후 10년간 나는 책만 파먹고 살았다. 시간에 쫓겨 읽지 못한 책을 마음 놓고 읽자는 생각으로 읽었고, 읽다 보면 이 책 저 책 궁금해져서 찾아 읽었다. 문단에 낯이 익으니 문인들이 보내주는 책을 감사함으로 읽다가 의무처럼 되었다. 이제는 지식의 배가 고파 읽는 것인지 딱히 할 일도 없어 도피한 것인지 알 수 없다. 그냥 한 마리 좀벌레가 되어 버린 기분이다.

 15세기 유학적 이상세계를 추구하며 책만 읽던 일두一蠹 정여창鄭汝昌(1450~1504)이란 분이 있었다. 책만 파먹고 있다가 어찌하여 관직에 나아갔다가 귀양 가서 죽었는데 연산군 때 무오사화에 연루되었다 하여 부관참시를 당했다. 정여창이 자신의 아호를 왜 '일두一蠹'라고 했는지는 잘 모르겠다. 왜 스스로 한 마리 좀이라 했을까. 스스로를 낮추어 이 세상에 한 마리 좀벌레로 왔다가 간다는 의미였을까? 벼슬을 마다하고 책만 읽어서 그랬을까?

나는 30대 초반 어떤 친구가 완보緩步라는 아호를 지어주었다. 그냥 걸음이 느릿느릿하다는 의미이다. 아버지는 아호는 비유로 의미를 함축하고 발효되어야 하는데 날것이라고 마뜩찮아 하셨다. 그래서 의미를 좀 더 미화해서 느린 듯해도 따라가 보면 숨이 가쁘다느니, 느려도 갈 데는 결국 다 간다느니 하면서 의미를 확장했다. 그 후 완보보다 '느림보'로 더 많이 불렸다. 세월이 지날수록 잘 발효되어 익숙하게 불려졌다.

요즘 내 생활이 답답하다. 좀벌레처럼 책만 쏠아 먹으면서 산다. 수필집도 읽고 평론집도 읽는다. 철학도 읽고 여행기도 읽는다. 고전도 읽고 이제 막 나온 작가들의 글도 읽는다. 그러나 머리에 남는 건 하나도 없다. 읽을수록 머리는 텅 비어간다. 시간만 좀먹는 것은 아닐까. 읽기만 하는 것이 아니라 쓰기도 한다. 수필이라는 이름으로 글도 쓰고 평론이라는 이름으로 남의 글에 평도 붙인다. 쓸수록 머리는 허하다. 독서는 내 시간만 좀먹으면 된다. 내 머릿속만 비우면 된다. 그런데 쓰는 것은 남의 사상을 쏠아 먹는 우를 범할 수도 있다. 이 시대의 수필 문단을 좀먹고, 거대한 한국 문단을 좀먹어 하얗게 뱉어내는 것은 아닐까. 요즘 자꾸 내가 움츠러든다.

  일두 선생이 스스로 좀이라고 했던 뜻을 이해할 만하다. 그렇다면 나도 좀이다. 늙은 좀이다. 일두는 쉰을 막 넘어 이승의 강을 건넜으나 나는 고희까지 버텼으니까 노두老蠹라 하자. 책을 쏠아 먹고 수필을 쏠아 먹고 문학을 쏠아 먹으면서 솜씨까지 노련해졌으니 노두가 맞다. 이왕 사람들이 '느림보'라 불러주니 느림보 노두老蠹이다. 좀벌레보다 더 느린 걸음이 있을까. 다른 놈들보다 더 능숙하게 쏠아 먹는 서양좀벌레silverfish를 따르면 노두가 틀림없다.

  느림보 걸음으로 끊임없이 쏠다 보면 텅 빈 머리도 조금은 채워지지 않을까 기대해 본다. 아니 차지 않아도 좋다. 『동의보감』에는 좀벌레가 약으로 쓰일 때도 있다고 했다. 노두도 끊임없이 글을 쓰다 보면 익을 대로 익어 독자들에게 때로 약이 될 때도 있지 않을까. 아주 느리게라도 말이다. 하긴 약이 되건 해가 되건 따지고 보면 좀이나 인간이나 우주 안에 미물微物이기는 마찬가지이다. 나도 지구 세상의 작은 좀벌레다.

  노두老蠹, 이제 한 삼십 년만 더 노두로 살아야겠다.

(2023. 10.)

똥 꿈

 미치겠다. 느닷없이 똥이 마렵다. 아랫배가 쌀쌀 아파 오더니 이내 안에서 꽁지뼈를 꾹꾹 찌른다. 어쩐다? 뒷간을 찾아야 한다. 왼손으로 꽁지 아래를 움켜쥐고 사방을 두리번두리번 기웃거린다. 뒷간을 찾는다. 이런 낭패가 있나. 어디에도 없다. 할 수 없이 어떤 학교로 들어갔다. 복도에 들어서자마자 왼손이 밖으로 튕겨지는 것 같더니 황금 같은 똥 덩어리가 바짓가랑이를 지나 뒤꿈치께로 굴러 내렸다. 복도에 내가 지나온 발자국마다 똥 덩어리가 덩얼덩얼 굴러다닌다. 황금색이 투명하다. 어찌 똥이 이토록 예쁜 노란색일까. 예뻐도 낭패는 낭패다. 똥은 똥이잖아. 초등 아이들이 뒤따라오며 손가락질한다.
 누군가 교실마다 화장실이 있다고 일러준다. 급하다. 아직도 남은 똥에 뒤가 무겁다. 어느 교실로 뛰어 들어가 화장실이라는 곳에 앉았다. 그런데 예전 우리 시골 측간처럼 똥단지에 걸친 널빤지 똥다리 아래 황금덩이 같은 똥 덩어리들이 수북하다. 왜 더럽다는 생각을 하지 않았을까. 내가 복도에 묻혀놓은 똥은 부끄러운데 교실 화장실 남의 똥은 예술처럼 아름답다. 똥이 한꺼번에 쏟아져 나온다. 선생님하고 아이들이 둘러서서 똥 누는 나를 바라보고 있다. 낭패다. 그러나 후련하다. 그 쾌감에 꿈에서 깨어났다.

우아, 나는 얼른 뒤를 확인해 보았다. 싸지는 않았다. 그냥 꿈에만 싸고 말았으니 낭패는 면했다. 아직은 자다가 똥을 싸서 뭉개기에는 아내에게조차 부끄러운 나이 아닌가. 하마터면 낭패가 될 뻔했다. 천만다행이다.

낭패狼狽라는 말은 '어떤 일을 할 때 잘 풀리지 않고 고약하게 꼬이는 경우'만 의미하는 것으로 단순하게 생각했다. 그런데 이 단어는 '낭狼'이라는 이리와 '패狽'라는 이리라는 뜻으로 따로따로였는데 뭉쳐서 은유법으로 쓰이다가 비유의 의미가 사라진 것이었다. 마치 질곡桎梏이란 말이 차꼬와 수갑을 이르는 말이었던 것처럼 말이다. 일종의 죽은 은유이다.

전설에 의하면 낭이는 뒷다리가 짧아서 다니기에 고역스럽고 패는 앞다리가 짧아서 고역이었다. 낭이는 머리는 나빠도 용맹스러운데 패는 꾀는 많아도 겁쟁이라서 되는 일이 없었다. 둘은 서로의 단점과 장점을 나누어 가졌다. 그래서 어쩔 수 없이 함께 다녀야 했다. 둘이서 호흡이 잘 맞을 때는 그럭저럭 살 수 있다가도 둘이 토라지면 이만저만 난처한 일이 아니었다. 그야말로 낭패였다.

낭패라는 단어는 처음보다 의미가 확장되어 다른 뜻으로도 쓰이게 되었다. 내가 씨앗을 잘못 뿌려서 기대하지 않은 열매가 달려도 낭패이고, 자식을 잘못 가르쳐 사회에 해를 끼쳐도 낭패이다. 때로 아무 잘못도 없이 일이 어그러져 돌아가도 낭패라고 한다. 철석같이 믿었던 사람에게 더럽게 배반당해도 낭패이다. 후배나 제자가 내 얼굴에 똥칠을 해도 죄도 없이 낭패다.

아주 어렸을 때 큰형님이 개를 한 마리 얻어왔다. 형은 이름을 '케리'라고 지었다. 앞다리가 짧거나 뒷다리가 짧지도 않았다. 진돗개 잡종인데도 영리했다. 사랑채 마루에서 보면 500m는 족히 되는 산모롱이에 작은아버지나 작은어머니가 보이면 꼬리를 흔들며 내닫는다. 그런데 엿장수나 방물장수가 모롱이에 비치면 자지러질 듯이 짖어댄다. 영리한 케리를 가족들이 다 기특하게 여겼다.

케리는 가족들 사랑을 받으며 잘 자랐다. 특히 할머니 사랑을 많이 받았다. 케리 밥은 할머니가 꼭 챙겨주셨다. 밥이 부족하면 당신 밥이라도 덜어서 먹였다. 떡 벌어진 가슴, 꼿꼿한 두 귀와 잘생긴 이목구비가 그럴듯하게 자랐다. 꼬랑지를 내리는 법이 없었다. 개지만 당당했다. 할머니는 집안의 종손인 조카 다음으로 케리를 사랑하는 것 같았다.

가족들에게 지나치게 신뢰를 받아서인지 케리가 과만한 행동을 하기 시작했다. 옆집 당숙을 보고도 짖고 작은아버지를 보고도 숨넘어갈 듯 짖어댔다. 급기야 가족들 보고도 짖었다. 뿐만 아니라 어느 날 제 밥을 평생 챙겨주신 할머니 손을 덥석 물었다. 사랑이 낭패로 돌아온 것이다. 충견이 맹수가 되었다. 충견의 밑바닥에도 이리의 피가 흘렀던 것이다. 사람들은 믿었던 사람에게 배신당하는 게 두려워 머리 검은 짐승을 거두지 말라고 말한다. 그런데 개도 온갖 정성을 다해 거두는 건 아니었다. 이리의 피가 흐르는 케리가 낭패가 된 것이다. 그때부터 잘생긴 케리의 얼굴이 이리의 낯을 닮아 보였다. 아니 이리로 보여 함께 살 수가 없었다. 사랑으로 씨앗을 심은 할머니에게 낭패라는 열매로 돌아왔으니 말이다.

새벽에 왜 똥 꿈을 꾸었을까? 꿈 이야기를 하니까 황금색으로 누런 똥을 보았으면 재물이 들어올 길몽이라고 아내가 좋아했다. 복권을 사자고 한다. 똥 꿈이 짓지도 않은 복을 한 장 복권으로 이루어주지는 않을 것이라고 내가 말해서 아내의 똥 같은 꿈을 꺾었다. 꿈에서라도 똥을 쌌을 때 후련했냐고 한다. 아마 그런 것 같다. 너무나 후련해서 잠을 깰 정도였으니까. 그러면 더러운 것이 몸에서 빠져나갔으니 고민하던 것, 낭패라고 생각했던 일이 시원하게 해결될 것이라고 한다. 맞는 해몽인 것 같다. 그렇게만 된다면 재물이 들어오는 것보다 나을 것 같다.

  나도 잘못 뿌린 씨앗 때문에 낭패를 겪을 때가 있다. 평소에 '뿌린 대로 거두리라.'는 말씀을 믿고 살았다. 그 말은 좋은 열매가 맺혔을 때 내가 뿌린 씨앗이라는 자부심으로 하는 말이다. 혹 낭패가 열매로 돌아올 때는 나의 업보라 스스로 위안을 삼는 말이다. 아무리 좋은 뜻으로라도 씨앗을 함부로 뿌릴 일은 아닌 것 같다. 좋은 씨앗을 좋은 뜻으로 뿌려도 반드시 좋은 열매를 맺는 것은 아닌 것 같다. 씨앗이 열매로 맺히기에는 연緣이라는 조건이 맞아야 하기 때문이다. 이제는 내가 어떤 씨앗을 심었더라도, 거기에 낭패라는 이리가 열매로 맺혔더라도 그건 바로 나의 업보라 생각하기로 했다.

  아내의 해몽처럼 오늘 새벽 똥 꿈을 타고 가슴에 엉켜 있는 낭패감이 후련하게 빠져나갔으면 좋겠다. 맞다. 낭패는 똥 꿈처럼 배설될 것이다. 그것도 새벽 똥 꿈이니까. 아니 인생은 어차피 새벽 똥 꿈과 같은 것이 아닌가. 나는 이제 마음 놓고 씨알을 다시 심겠다. 지난날의 엎어졌던 돌길을 상기하면서, 지난날 낭패를 돌다리 두드리듯 두드리면서 하늘에 기도하면서 정중하게 씨알을 심겠다. 똥 꿈이 복이 될 수 있도록 말이다.

(2019. 3.)

적소適所에서

적소에서 봄을 본다. 호수 가까이 버드나무 가지가 노릇노릇 연두로 물들었다. 소나무 숲엔 진달래가 흐드러졌다. 산은 마을을 가로막고 강은 산을 비집고 세상으로 나가는 길을 내어 준다. 등잔봉 줄기가 호수에 잠기는 산자락 끄트머리에 노수신 적소인 수월정水月亭이 있다. 봄이 오듯 나도 적소에 왔다.

노수신盧守愼(1515~1590)은 상주 사람이다. 중종 때 벼슬에 나아가 명종 때 유배되었다가 선조 때 풀려난 정치가이자 유학자이다. 열일곱 살부터 장인 이연경에게 십년공부를 하여 스물일곱에 급제했다. 이조좌랑까지 올랐으나 소윤이 대윤을 몰아낸 을사사화 때 순천으로 유배되었다가 진도로 옮겨져 19년간이나 귀양살이를 했다. 다시 이곳 산막이 마을 달래강 가운데 작은 섬으로 옮겨졌다. 여기에 초막을 짓고 물에 비친 달을 바라보며 2년간 귀양살이를 했다.

선조는 노수신의 학덕을 높이 보았는지 즉위하자 불러서 벼슬을 주었다. 대사간, 대사헌, 우의정, 좌의정, 영의정으로 할

만한 벼슬을 다 했다. 그것은 우연이 아니다. 진도에서 귀양살이를 하면서도 이황, 김인후, 기대승 등 학자들과 서신을 주고받으면서 자신만의 학문의 경지를 구축했다. 수월정 앞 유적비는 그의 행적이 우연이 아님을 시사했다.

수월정은 노수신의 후손들이 그의 적소를 기리기 위해서 연하동에 지었는데 괴산댐 건설로 수몰 위기에 놓이자 이곳으로 옮겨 지었다고 한다. 노수신이 유배생활을 한 작은 섬은 가시담장이 없더라도 위리안치圍籬安置나 다름없다. 유배지는 섬이 아니라도 섬이다. 섬은 단절이다. 처음 유배지였던 진도가 그렇고, 추사의 유배지인 제주가 그렇다, 단종이 유배 생활을 했던 청령포는 섬은 아니라도 철저히 단절된 공간이다. 다산의 유배지도 그렇다. 김대중이나 신영복이 머물던 감옥도 단절이다.

유배지가 시공을 초월하여 단절을 의미하듯 단절의 시간을 살아내는 방법도 시공을 초월하여 하나로 통한다. 다산은 강진에 유배되어 18년간 후학들에게 학문을 전수하는 한편 조선시대 후기 실학을 집대성한 『목민심서』, 『경세유표』 등 수백 권의 저서를 저술하였다. 초의선사를 통하여 제주에 있는 추사 김정희와 소통하고 형인 자산과도 소통하였다. 김대중 대통령은 감옥에 있는 동안 책을 읽으며 세계와 소통하였다. 신영복 교수도 감옥에서 책을 읽고 가족들과 편지를 주고받아서 몇 권의 저서를 남겼다. 노수신은 20여 년간의 유배생활 중 독서가 그의 학문적 경지를 굳게 만들어서 사면과 동시 조정에 나갈 수 있었을 것이다.

적소에 봄이 왔다. 적소라지만 수월정에 나도 와서 물을 보며 달을 그리니 단절은 아니다. 여기는 괴산에서도 경치가 빼어나다는 연하협이다. 달래강을 거슬러 올라가면서 바라보면 병풍처럼 둘러친 바위 사이로 낙랑장송이 하늘을 가린 그 아래 맑은 물이 흐른다. 연하협에서 지류를 따라 올라가면 바로 갈은구곡葛隱九曲 들머리 갈은동문葛隱洞門에 들어선다. 노수신도 강선대, 칠학동천을 지나 선국암에 이르러 신선과 마주 앉아 바둑을 두었을지도 모를 일이다. 그가 퇴계의 비판을 받으면서도 주자를 따르지 않고 선가를 따른 것이 선국암 대국에서 얻은 깨달음일지도 모를 일이다.

적소는 끊어짐이 아니라 이어짐이다. 요즘 사람들은 갖가지 방법으로 소통하지만 옛사람들도 알음알음으로 통하며 살아냈다. 산막이 마을은 산이 막아섰지만 강이 길을 일러준다. 노수신은 이곳 괴산에서 고향인 상주로 통하는 큰길이 난 것을 알고 있을 것이다. 영령이 있다면 쌓은 학덕으로 배향된 괴산 화암서원, 충주 팔봉서원뿐 아니라 상주 도남서원에서도 달 밝은 밤이면 수월정에 다녀갈 수 있을 것이다.

세상은 어디든 적소이다. 규범이 가로막고 관계로 얽매인다. 혼자서 산막이에 온 나도 서 있는 곳마다 적소이고 단절이라면 단절이다. 하고 싶은 일은 늘 규범이라는 멍에에 메워 있다. 그러나 단절이 곧 이어짐이니 굳이 벗어나려 발버둥칠 까닭도 없다. 씌워진 멍에야 벗고자 하면 누가 막을 수 있겠는가. 그냥 옛사람이 하던 대로 내가 할 일을 찾아서 하면 될 일이다. 막아서는 산의 덕이든 틔워주는 강의 덕이든 천지 좌우로 이어지리라 믿어볼 일이다.

(2024. 3.)

10월 26일, 징벌과 사면

10월 26일 1909년.

영화 〈하얼빈〉을 봤다. 현빈이 분한 안중근이 늙은 늑대 이토 히로부미를 처단하는 역사적 사건을 다룬 영화다. 이토 히로부미는 조선이라는 파이 나누어 먹기를 협상하러 러시아로 가는 중이었다. 탕, 탕, 탕—. 안중근의 총을 맞고 죽었다. 징벌이다. 그날이 1909년 10월 26일이다.

영화는 전체적으로 어두웠다. 현빈의 연기를 드러내는 구성을 피한 것 같았다. 다만 안중근의 인간적 고뇌와 영웅적 면모를 부각시켰다. 그것은 안중근이 전쟁 포로인 일본군 육군 소좌 모리 다쓰오를 만국공법에 따라 풀어준 일이다. 안중근은 그에게 '가정을 돌보라'면서 사면했는데 그는 끈질기게 독립군을 추적하면서 야비한 근성을 보였다. 영화가 역사적 사건을 새롭게 해석한 것이다.

안중근은 이토 히로부미를 암살한 것이 아니라 징벌한 것이다. 그는 훗날 재판정에서 이토 히로부미는 명성왕후를 시해하고, 대한제국 황제를 강제로 폐위시켰으며, 양민을 학살하고 이권을 약탈하는 범죄를 저질렀기에 징벌한 것이라고 말했다. 이토 히로부미는 사생활도 문란했다. 청일전쟁, 러일전쟁 이후 오만함의 극치를 보여주었다. 심지어 술에 취하면 미녀의 무릎을 베고 자고, 술이 깨면 권력의 고삐를 잡는다면서 노골적으로 야욕을 드러내기도 했다. 영화에서 모리 다쓰오도 독립투사에 의해 결국 죽임을 당한다. 이들의 죽음은 당연했다. 영화에서나 역사에서나 비열한 인간들은 징벌을 받는다.

안중근이 교수형을 당하는 장면에 가슴이 움찔했다. 우리는 가슴 속에서 이미 영웅으로 새기고 있다. 비열하고 교만한 것들은 징벌을 당하지만, 인간적인 고뇌로 적을 풀어주기도 하고 한 생명을 거두었다 해도 영웅은 역사가 사면한다.

영화를 보고 나오는데 문득 이토 히로부미가 죽은 10월 26일이 섬뜩했다.

10월 26일 2018년.

나를 잡아끄는 자가 있었다. 그냥 끌려갔다. 강이 내려다보이는 언덕에 서서 검은 옷자락을 날리며 내가 갈 곳을 바라보았다. 강은 바라볼수록 을씨년스러웠다. 아니 생경하다. 그냥 '낯설다'보다 '생경하다'가 맞다. 검은 물이 넘실거리는 강 건너에는 봄볕이 따사롭다. 저긴 봄이다. 강만 건너면 도화가 아득히 떠간다는 별유천지別有天地이다. 왼쪽 겨드랑이를 낀 자가 한 말이다.

왼쪽 팔을 꽉 잡혀 아득한 강으로 내려갈 때 누가 나를 깨웠다.

"피검사 하실게요. 잠깐 따끔해요."

말만 들어도 간호사 선생이다. 맞다. 나는 중환자실에 누워 있다. 왼팔에는 혈압측정기가, 얼굴에는 산소 호흡기가, 아랫도리에는 뭔지 모를 호스들이 주렁주렁 매달려 있다. 간호사가 오른팔에서 피를 뽑는 동안 생각해보니 등골이 서늘하다. 그렇구나. 하마터면 강을 건너갈 뻔했다. 간호사 선생 덕분에 개똥밭으로 돌아왔다. 모니터를 올려다보니 혈압이 80에서 90 고개를 넘느라 안간힘을 쓴다. 52시간째 저러고 있단다. 온몸이 침대에 묶여 있는 것처럼 꼼짝할 수 없다. 자동으로 체크되는 혈압계가 주기적으로 팔을 죄어댄다. 간호사 선생들은 모두 분주하다. 밤인지 낮인지 세상은 늘 환하다. 고통스러운 소리, 주검이 되어 실려 나가는 소리, 자지러지는 여인의 울음소리……. 똥이 마려워 미치겠다. 괴롭다. 들리는 소리도 참기 어렵다. 나무 관세음보살, 관세음보살…….

그날은 추적추적 가을비가 내렸다. 우산을 쓰고 미동산 둘레길을 걸었다. 주차장에서 출발하여 약 8km쯤 걸어 원점으로 돌아오는 데 두 시간이면 된다. 비 내리는 산길이 좋았다. 우산에 떨어지는 빗방울 소리도 좋고 우산 위에 구르는 하얀 물방울도 보기 좋았다. 거기다가 우리들 이야기도 끝이 없었다. 1시간 20분쯤 걸었을 때 왼쪽 팔이 저릿했다. 조금 있으니 가슴까지 저릿저릿하다. 친구들에게 말하지는 않았다.

길에서 30m쯤 나무 계단을 올라가면 정자가 나온다. 비를 피할 수 있다. 거기서 따뜻한 차를 마시기로 했다. 계단이 힘겹다. 숨이 차고 가슴이 뻐근했다. 따뜻한 차를 마시면 괜찮겠지 했는데 오히려 저릿하고 뻐근함이 주기적으로 더 강하게 오는 것 같았다. 친구들은 편안하게 차를 마셨다.

"그때 말이야. 박 대통령 시해되던 날, 십이륙 말이야. 그날이 오늘이잖아."

나는 갑자기 1979년 10월 26일 박정희 대통령 죽음을 꺼냈다. 모두 '십이륙'이란 사건 명칭이 붙어 있는 그날을 잊지 않고 있었다. 우리는 그때 있었던 이야기를 나누었다. 난 그날 숙직이었어. 혼자 숙직실에 있는데 자정쯤에 라디오에서 '대통령의 유고로 최규하 국무총리의 권한대행' 뉴스가 나오는 거야. 상상할 수 없는 일이 일어난 거지. 랜턴을 들고 교사를 한 바퀴 돌고 들어오는데 온몸이 땀에 젖었어. 박정희 대통령의 죽음의 의미는 어떤 것일까. 사면일까 징벌일까. 누구도 말이 없다. 아무도 확신이 서지 않았을 것이다.

가슴이 저릿저릿한 주기가 조금 더 빨라지고 왼팔에서 기운이 '주르륵' 빠지는 듯한 강도가 조금씩 심해졌다. 그래도 말을 하지는 않았다. 비는 내리고 날이 습습해서 몸이 으슬으슬했다. 얼른 집으로 돌아가고 싶었다. 그러나 우리는 습관대로 점심을 먹고 헤어졌다.

아내에게 돈가스가 먹고 싶다고 했다. 점심에도 고기를 먹었는데 왜 또 돈가스가 먹고 싶었을까. 동네 돈가스 전문점에 가서 왕돈가스를 배부르게 먹었다. 걸어서 집에 왔다. 저릿저릿한 주기가 훨씬 빨라졌다. 가슴이 뻐근한 것이 아니라 아프다고 할 정도였다. 비로소 아내에게 말했다. 아내가 가까이 와서 내 이마를 만져보았다. "식은땀이 나네. 왜 식은땀이 나요?" 아내가 급하게 말했다. 아버님도 식은땀이 났는데. 식은땀이라고? 아버지 생각이 났다. 심근경색으로 돌아가시던 날 아버지는 가슴 통증을 호소하면서 식은땀을 닦아내라고 하셨다. 아 내게도 심근경색이 오는구나. 오늘이 징벌의 날이구나. 가자, 병원으로 가자. 아내는 옷이라도 갈아입으라고 했다. 나는 아니라고 했다. 어차피 환자복이든 수의든 갈아입을 텐데.

주차장까지 걸어갔다. 아내가 운전했다. 아버지 돌아가시던 날도 내가 아버지를 주차장까지 업고 가고 아내가 운전을 했다. 병원은 5분 거리다. 응급실 안내하는 사람에게 소리쳤다. 나 심근경색이 와요. 어디로 갈까요. 그놈은 전화만 계속 받으면서 손짓으로 기다리라고 한다. 뭐야. 죽음을 기다리라는 말이야? 이 사람아 심근경색이 온다고. 다시 한 번 소리쳤다. 여전히 전화에 매달렸다. 주차를 마친 아내가 들어왔다. 아내가 소리를 질렀다. 그제야 안에서 간호사가 나왔다. 유리문에 '치료하시는 분은 하느님입니다'라고 쓰여 있다. 마음이 조금 놓였다. 바퀴 달린 침상에 올라가 누웠다. 당직의사가 오더니 심전도 검사를 하고 x-ray를 찍었다.

"괜찮으니까 집에 가셨다가 내일 오셔서 심장내과 진료를 받아보세요."

이 사람 의사 맞나. 진단이 허랑하다.

"나 저기 침상에 누워 있으면 안 돼요?"

"그러시겠어요? 그럼 그러셔요. 집에 가셨다가 내일 오셔도 되는데요."

어찌 이럴 수가 있을까. 내일 아침 영안실로 오라는 말인가. 침상에 누워 있으려니 주기는 점점 더 잦아지고 통증으로 변했다. 어느 지긋한 간호사 선생이 알약을 한 알 주면서 귓속말로 통증이 올 때 혀 밑에 넣으세요. 바로 괜찮아지시면 말씀하세요. 한다. 조금 있으니 주기가 왔다. 얼른 혀 밑에 알약을 넣었다. 사르르 잦아들었다. 간호사 선생을 불렀다. 말했다. 심전도 검사를 했다. 의사 간호사들이 부산하다. 큰일 났다. 진행이 엄청 빠르다. 자기네끼리 소리 지른다. 이제 그 시간이구나. 몇 분쯤 지나 심장내과 과장이라는 분이 왔다. 의사 간호사들이 혼쭐이 난다. 아내는 얼굴이 하얗다. 아들이 왔다. 온몸에 약병들이 주르륵 매달렸다. 의사가 가슴에 서류를 올려놓고 사인을 하란다.

"지금 시술을 해야 합니다. 안 하면 돌아가십니다. 하다가 돌아가실 수도 있습니다."

아내가 울먹인다. 가볍게 사인을 했다. 아들은 겁먹은 얼굴로 "아버지 괜찮아요. 잠시면 되니까 안심하세요." 참으세요가 아니라 안심하세요다. 그래 네가 그 말밖에 할 말이 있겠냐. 이렇게 가는 것이구나. 언젠가 사주를 본 적이 있다. 시장에서 산 『천기대요』 부록에 있는 대로 꼬누어 본 것이다. '초년에는 죽을 고비를 몇 번 넘기고 겨우 살아서 중년에는 사느라고 고생고생하다가 말년에는 많은 사람에게 고임을 받으면서 잘 살다가 장수하고 67세에 이승을 떠난다'는 것이다. 그렇구나, 초년운 중년운이 딱 맞더니 지금이 예순일곱 살이구나. 떠날 시간이구나. 강을 건너갈 때 강가에 배웅 나온 아들에게 하려고 꼽아놓은 말들을 할까 말까 망설이다가 말았다. 이미 세상이 다른데 미련을 두어 무슨 소용이 있을까. 입을 다물었다.

심장조영실이라는 곳으로 끌려 들어갔다. 영화 촬영장 같았다. 알몸이라 몹시 추웠다. 춥다고 말했다. 간호사 선생이 뭔가 덮어주었다. 의사와 간호사들이 하는 말들이 다 들렸다. 강 건넛마을은 추울까. 내가 강을 건너간 뒤 사람들은 뭐라 할까. 징벌이라 할까? 부분마취를 하고 팔목을 베더니 혈관에 케이블을 넣어 쇠붙이를 집어넣는가 보다. 처음에는 혈관을 따라 서늘한 느낌이더니 모르겠다. 하나를 마치고 또 하나를 마치고 또 하나를 마칠 때까지 조금도 두렵지 않았다.

순간 어머니 생각이 났다. 전혀 징벌일 수 없는 어머니, 1994년 10월 26일 새벽, 내 서재에서 조용히 아주 조용히 눈을 감으셨다. 눈을 감겨 드리면서 눈물에 젖은 엄마의 속눈썹을 보았다. 이승의 질곡을 벗어던지고 아미타부처님 품으로 수렴되는 시간이다. 나는 계속 '나무아미타불'을 염念하면서 엄마 얼굴을 쓰다듬었다. 엄마는 아주 착하고 예쁘게 눈을 감으셨다. 저기 저 강 건넛마을에 가면 예쁜 엄마를 만날 수 있을까.

관상동맥 스텐트 시술은 50분 걸렸다고 한다. 추위에서 풀려나자 잠이 왔나 보다. 누군가에 이끌려 강을 건너려는 순간 간호사 선생이 깨운 것이다.

중환자실에서 72시간 질곡의 징벌을 받았다. 어느 문우가 전화를 했다. '괜찮으세요? 관세음보살님을 계속 부르세요.' 아득하다. 정말 관세음보살이 아픔의 소리를 들으실까. 문우의 말대로 계속 관세음보살을 불렀다. 혈압이 100을 넘기자 중환자실은 나를 풀어주었다.

일반병실에 가서야 72시간이나 견딘 묵은똥을 내보낼 수 있었다. 시원하다. 나를 묶어둔 예순일곱의 사슬에서 풀려났다. 살았다. 징벌로부터 사면의 순간이었다. 2018년 10월 26일이다. 지금 내 생은 덤이다.

  10월 26일, 누구에게는 징벌의 시간이고 누구에게는 사면의 시간이다. 10월 26일은 하늘의 시간이다. 필요하면 하늘은 10월 26일을 기다리지 않고 10월 26일을 보내온다. 누구도 피할 수 없다. 이제 역사가 누구를 징벌하고 누구를 사면할 것인가 결정할 순간이다.

(2025. 1.)

3 ~~~~~~~~~~~~~~~ 우리

벌초냐 도토리냐

 오늘은 아버지 어머니, 할아버지 할머니 산소 벌초를 했다. 지난여름 긴 장마에 개망초가 두어 자씩 자라고 억새도 숲을 이루어 제절에 고라니 잠자리까지 생겼다. 유월에 해야 할 여름 벌초를 비 때문에 미루다 팔월 초순에나 할 수 있었다. 개망초를 다 뽑아내고 억새를 베어냈다. 잔디만 남긴 다음 예초기로 예쁘게 다듬어 놓으니 비로소 마음이 편했다.

 봄에는 봉분에 이끼가 생겨 물을 잔뜩 머금고 있어서 뿌리 썩은 잔디가 누렇게 스러졌다. 부근에서 떼를 떠다가 이었는데도 아직도 내 엉성한 속안머리처럼 허여멀겋다. 늦은 가을 다시 한 번 떼를 파다 이어야겠다. 혹시 아나. 그러면 할머니 할아버지가 내 속안머리를 까맣게 채워주실지. 허허, 그 소망이 가소롭다.

 모처럼 휴일을 맞아 늦잠 자고 있을 아들을 불러 운전을 부탁하여 아내와 함께 출발했다. 아들이 기특하다. 미수米壽를 맞은 큰어머니 드린다고 빵을 한 보따리 사왔다. 나도 질소냐,

생닭 두 마리를 샀다. 푹 고아 드시고 백수白壽를 하시게 말이다. 무너져가는 옛집 마당에 차를 세우고 예초기를 찾아 부모님 산소부터 다듬었다.

아버지 원백園白 선생은 어머니나 자식들이나 당신 부모님에게 참 무심한 분이셨다. 일제 때 독립운동가처럼 집안일을 몽땅 어머니께 맡기고 밖으로 도셨다. 그러나 사회에서는 훌륭한 분이셨다고 한다. 여섯 자 비석 외에도 제자들이 추모비까지 번듯하게 모셨다. 종묘사직이 위태롭다는 말이 있다. 일제강점기 명맥이 끊어진 종묘제례와 아예 땅에 묻혀버린 사직단 대제를 완전히 복원하신 분이 바로 나의 아버지 원백 이은표 선생이다. 광복 이후 간신히 부활한 종묘제례의 의궤를 찾고 왕조실록을 더듬어 고증을 거쳐 완벽하게 복원했다. 그리고 저서『종묘제례宗廟祭禮』를 저술하셨다. 그 바람에 종묘제례는 대한민국 중요무형문화재 56호로 지정받아 국가의 행사로 자리를 굳히게 되었다. 사직대제는 연구에 연구를 거듭하여 1988년에 완전 복원하여 몇 차례 습의를 거쳐 88올림픽 때 '종묘 제례악의 밤'이라는 이름으로 종묘제례와 함께 봉행하였다. 이로써 한국 문화의 깊이로 세계를 놀라게 했다. 그 후 종묘제례는 유네스코 인류문화유산으로 지정받았다. 그게 다 원백 선생 공이다.

아버지 돌아가신 2주기를 맞아 제자들이 추모비를 세운다고 했다. 추모 비문은 문하생이며 뒤를 이어 예능 보유자가 된 내게 숙항叔行인 이기전 씨가 닦았고 정작 비문을 막내아들인 내가 썼다. 사실 초만 잡아놓으면 비문을 닦아준다던 난대蘭臺 이응백李應百 박사가 '그만하면 되었다'며 그냥 모시라 했다. 나는 아버지를 원망한다 하면서도 그분의 공덕에 취해서 어머니 행장行狀 한 줄 넣어드리는 것을 잊어버렸다. 그래서 비문을 대할 때마다 어머니에게 죄송하다. 우리 어머니는 비문으로 말할 것도 없이 그냥 조선의 어머니다.

할아버지는 손자들에게 매우 자상하셨다는데 내가 태어나기도 전에 돌아가셨다. 형님들은 할아버지로부터 잔잔한 사랑을 받으면서 어린 시절을 보냈겠지만 나는 그만큼 복이 없는 것만 한탄했다. 그래서 나는 그냥 할머니 산소라고 한다. 할머니는 나와 동갑인 사촌을 나보다 더 사랑하셨다. 어린 마음에도 참 이해할 수 없는 일이었다. 할머니는 나랑 함께 살면서 내가 공부도 사촌보다 낫게 하고, 키도 더 크고, 나름 인물도 더 나은데다가 할머니 말씀도 더 잘 들었다. 그런데도 물레를 자아서 연실을 만들어 주는 건 늘 사촌이 먼저였다. 형이 크고 멋지게 만들어 준 연은 골방에서 할머니가 실을 볼록하게 감아줄 얼레를 기다려야 했다. 할머니는 본체만체하다가 대보름 임박하여 물레를 돌리기 시작하였다. 그러니 당연히 연날리기를 며칠밖에 할 수 없었다. 보름이 되면 연을 날려 보내야 하기 때문이다. 어린 마음에 얼마나 아쉽고 할머니가 원망스러웠는지 모른다. 다시는 할머니 심부름을 하지 않을 거라고 다짐하기도 했었다.

할머니는 오창 갑부였던 고모님 댁에 다녀오실 때 작은댁에 먼저 들러 맛난 과자는 사촌에게 다 덜어주시고 내 차지는 거의 없었다. 그것도 함께 사는 종손인 조카가 주인이 되었다. 조카는 할머니의 꿈이고 희망이고 사랑이고 전부였으니까.

지금 할머니 산소에 잡초를 뽑고 소금을 뿌려 이끼를 잡고 아까시나무 싹을 뽑아내는 건 바로 나다. 비석에 새똥을 닦아내고 마구 달려드는 칡덩굴을 걷어내는 것도 사촌이 아니라 나라는 걸 할머니는 아시나 몰라. 슬그머니 화가 치민다. 내가 왜 할머니 할아버지 산소에 벌초를 하고 있어야 하는가. 코빼기도 안 내미는 사촌이 와야 한다. 정말 그래야 한다. 봉분을 마구 밟으며 할머니 원망을 했다. 홧김에 예초기 클러치를 잔뜩 당기니 날개가 죽는소리를 하며 돌아간다. 골짜기가 시끄럽다. 가을 매미가 '씨알 씨~알 씨~~알' 남은 힘을 다해 울어댄다. 더 세게 돌리자. 할머니도 짜증나게 하자.

생각해보니 내 나이 칠십이 내일이다. 그래 맞아. 사려 깊고 옛 소설을 몽땅 외다시피 읽어 문학을 알았던 할머니에게 사촌은 아픈 손가락이었을 거야. 나는 그래도 함께 살았으니까. 당신의 애잔한 막내아들의 막내아들인 사촌이 참 많이 아픈 손가락이었을 거야. 그래 사랑은 그런 거야. 할머니 사랑은 그럴 수밖에 없어. 아마도 이 세상 모든 할머니들의 사랑은 다 그럴 거야. 그리 생각을 바꾸자. 나만 보면 '저놈 새끼 점새끼' 하시던 할머니를 오늘부터 봐드리자. 봄마다 봉분에 오랑캐꽃 뽑아내며 '연실, 연실'하고 뇌까렸던 서운함은 인제 잊어버리자. 내일이면 나도 칠십인걸.

손자 규연이가 카톡을 보냈다. '할아버지, 익어서 벌어지는 밤송이랑 나무에 달린 도토리를 사진 찍어서 보내주세요.' 아, 내게도 손자가 있었구나. 그래 맞아 나도 할아버지야. 연실보다 도토리 사진이 쉽지. 지금 아버지 산소든 할머니 산소든 벌초에 매달릴 때가 아니지. 예초기를 벗어 던지고 벌어진 밤송이랑 익어가는 도토리를 찾아 나선다.

"할머니 저도 손자가 있슈. 규연이유. 초등 일학년이걸랑유. 예쁜 손녀 연재도 있슈. 여섯 살인디 동화책을 줄줄 읽어유. 아마 할머니 닮었능개뷰."

할머니가 볼이 오목하도록 담뱃대를 한번 빨아들이고는 소리 없이 웃는 모습이 보인다.

그려 나도 인제는 철들 때가 됐는개벼.

(2020. 9.)

사내남男과 계집녀女 가르치기

다섯 살 손자에게 '사내남男' 자를 가르친다. 손자 규연이는 70자 정도의 한자를 읽고 쓸 수 있다. 할아버지 서재에서 『월간문학月刊文學』을 발견하고 스스로 놀란다.

"할아버지, 여기 달월月이 있어요. 어, 글월문文도 있네."

이렇게 신이 난다.

오늘은 사내남男 자를 가르치는 날이다. 아기들이 배우는 교재에는 '남자남男'으로 되어 있다. 아기들은 이미 사내라는 고유어보다 남자라는 한자어에 익숙해 있는 현실이 할아비는 부끄럽다. '사내남男'이라 가르치고 싶은데 한글을 아는 유식한 유아에게 어른의 기교는 통하지 않는다.

"할아버지, 사내남이 아니라 남자남이에요."

"그래 그러네. 남자를 사내라고 하는 거야."

"할아버지, 남자를 왜 사내라고 해요?"

"예전에는 남자를 조금 겸손하게 사내라고 불렀고, 멋지게 부를 때는 사나이라고 했지."

"와 그럼 나는 사나이 할래."

"그래 우리 규연이는 멋진 사나이지. 남자는 한자말에서 온 말이야. 사내라는 뜻도 있고 사나이라는 뜻도 있어."

"할아버지, 그런데 왜 남자남男에는 밭전田 자가 있어요? 어 그 아래에는 힘력力 자도 있네."

"오 그러네. 우리 규연이 똑똑하네. 어떻게 그걸 알아냈지?"

"할아버지, 지난번에 밭전田 자하고 힘력力 자를 다 배웠잖아요."

"그래 맞아. 배웠어도 대번에 알아보는 규연이가 할아버지는 기특해 보여서 하는 말이야."

"그런데 할아버지 왜 밭전田 자에 힘력力 자를 합체하면 남자 남男 자가 되냐고요."

"합체? 규연아 합체가 뭐야?"

"아니 변신 로봇 합체하는 거 있잖아요."

"오 그래. 그건 말이야 남자는 밭에 나가서 힘들여 일을 해야 한다는 뜻이야."

"왜 밭에 나가서 일을 해요?"

"남자는 밭에 나가서 일을 해야 감자도 나오고 고구마도 나오지. 그래야 가족들을 배고프지 않게 하지."

"아니 우리는 밥도 먹고 살잖아요. 쌀은 논에서 나잖아요. 외할아버지는 논에서 벼를 거두는 일을 하는데요."

"맞아, 그런데 논도 한자가 처음 만들어질 때는 밭이었거든."

"할아버지, 그런데요. 외할머니는 여자인데도 밭에서 일하시는데요."

"그건 외할아버지가 회사에 나가시니까 일을 많이 못하시니까 대신 하시는 거지."

"그럼 아빠는 남자인데 왜 밭에서 일을 안 하고 회사에 가서요?"

"아빠가 일하는 밭은 회사야."

"아빠 회사에 밭이 있어요?"

"아니 옛날 사람들은 회사가 없어서 밭에서만 일했기 때문에 일하는 곳을 모두 밭으로 생각했어. 회사에 나가면 회사에서 월급을 주니까 그 돈으로 규연이 과자도 사주고 옷도 사주지. 회사에 가면 쌀 대신 돈을 주니까."

"그럼 엄마는 여자인데 왜 학교에 가서요?"

"누나들 공부 가르치러 가지."

"어 엄마는 여자니까 일 안 해도 되는데."

"그래 맞아 요즘은 여자들도 밖에 나가서 일을 해야 돼. 엄마는 공부를 잘했으니까 선생님이 되어서 많이 아는 것을 누나들에게 가르쳐 주는 거야."

"할아버지는 왜 일 안 해요?"

"할아버지는 아주 오랫동안 선생님으로 형아들을 가르치다가 규연이가 세상에 태어났을 때 할아버지가 되어서 일을 안 해도 되게 되었어. 그 대신 봉사활동을 하며 사는 거야."

"규연아 여기 밭전田 자를 잘 봐라. 이 글자 처음 배울 때 규연이가 뭐라고 했지?"

"뭐라고 해요?"

"무슨 글자가 합체한 거라고 했잖아."

"아 그거 입구口 자 안에 열십+ 자가 들어 있잖아요."

"입구口 자는 사람의 입이야. 입같이 생겼지? 그러니까 남자는 열 사람이 먹을 것을 생산해낼 만큼 힘이 있어야 한다는 말이지."

"와 그럼 저도 그래야 돼요."

"그럼 그래야지. 꼭 가족만이 아니라도 세상 사람들 열 명이 살아가는 데 도움을 줘야 한다는 말이야."

"나 그거 싫은데요. 남자만 일을 하고 여자는 안 해도 돼요?"

"여자들은 그보다 더 소중한 일을 많이 하지."

"무슨 일을 해요?"

"여자는 애기를 낳잖아. 엄마는 규연이를 낳고, 네 동생 연재도 낳고"

"할아버지는 누가 낳았어요?"

"할아버지 엄마가 낳았지. 지금은 돌아가셨지만 규연이 증조할머니가 낳았지."

"아빠는요?"

"아빠는 할머니가 낳았지. 엄마는 외할머니가 낳았고"

"엄마는 나를 어떻게 낳았어요?"

"아 그건 더 크면 할아버지가 말해줄게."

"저도 알아요. 책에서 읽었는데 아빠랑 엄마랑 사랑해서 아빠가 엄마 뱃속에 아기씨를 넣어줘서 점점 자라서 제가 됐대요."

"그래 그래서 아빠는 남자남男이고 엄마는 여자녀女라는 거야."

"……."

"아빠는 밭에서 씨를 뿌리는 사람이잖아."

"그럼 엄마가 밭이야?"

"그렇지"

"할아버지 그런데요, 왜 여자녀女 자는 이런 모양이에요?"

"그건 엄마들이 애기 낳을 때의 모습을 본떠서 만들었다고 해."

"왜 아기를 이렇게 하고 낳을까?"

"그건 더 크면 말해줄게."

"아이 왜 크면 말해준다고 해요? 지금 궁금한데."

"규연이가 조금 더 커야 알 수 있어."

"예 알았어요."

사내남男과 계집녀女 가르치기

"남자는 밭에 씨를 뿌리는 사람, 여자는 아기를 낳는 훌륭한 일을 하는 사람이야. 하는 일이 차이가 있을 뿐 둘 다 소중해. 더구나 요즘에는 여자들이 회사에 나가서 일을 하거나 학교에 나가서 누나들을 가르치는 일도 하니까 더 소중하지? 그래서 옛날 사람들이 글자를 만들 때 여자녀女 자를 남자남男 자보다 먼저 만들었다고 해. 그만큼 여자가 소중하니 엄마나 할머니 말씀을 잘 들어야 해."

"알았어요."

"남자남男 자를 써보자."

나는 손자에게 한자를 가르치다가 곁길로 가버렸다. 그런데도 착한 규연이는 사내남男 자를 밭전田 자 아래 힘력力 자를 필순에 맞추어 또박또박 써나갔다. 이 녀석이 어느새 사내가 되어가는 건가 바라보는 할아비는 입이 귀에 걸린다.

(2017. 9.)

첫눈

 오늘은 아직도 엄마라고 부르고 싶은 어머니의 기일이다. 기일은 뭐든 조심해야 하는 날인가 보다. 새벽에 잠에서 깨었는데 영 잠이 오지 않는다. 어머니에 대한 견딜 수 없는 그리움으로 자꾸 뒤척이게 된다.

 늦가을이었던 그날의 하늘은 눈이 시리게도 고왔다. 깊고 끝없는 호수에 빠지는 것 같았다. 그렇게 하늘이 고운 날 새벽에 어머니는 두 달간의 병마와의 싸움에서 손을 내리셨다. 지금도 어머니 손이 내려지는 순간을 생각하면 가슴이 아릿해 온다. 그날 아침잠이 깼는데 느낌이 이상해서 어머니가 계신 내 서재에 가보았는데, 이미 막내누나가 어머니 손을 잡고 눈물을 떨어뜨리고 있었다.
 "엄마 숨이 더 느려졌어."
 누나의 목소리는 숙연하지만 잔잔하게 떨고 있었다. 어머니는 점점 호흡의 주기를 늘이고 계셨다. 조용히, 아주 조용히, 그리고 아주 천천히……. 숨을 멈추는 주기가 점점 더 길어지는데 우리 남매는 도무지 어찌해야 되는지 안타깝기만 했다. 나는 염불을 하며 어머니, 한 많은 어머니의 눈을 쓸어내렸다. 누나는 소리 없이 울고 있었다. 가족들이 다 좁은 서재로 들어오셨다. 아버지는 너무나 당황해서 공연히 이리저리 돌아다니셨다. 큰형수가 울음소리를 내려고 하셨다. 나는 어머니를 아주 조용히 보내드리고 싶었다.

"조용히 하세요."

모두 조용해졌다. 우리는 모두 숨소리조차 내지 못하며 조용히 아주 조용히 먼 길 떠나시는 어머니를 배웅하고 있었다. 떠나시면서도 어머니 눈에는 눈물이 괴어 있었다. 자식들을 걱정하는 평생의 눈물을 마지막 길목에까지 씻어내지 못하신 것이다. 그때 어머니는 누나가 잡고 있던 손을 '툭' 내렸다. 눈을 쓸어내리는 내 손에 어머니의 마지막 눈물이 묻었다. 말을 잃어버린 엄마가 주는 마지막 말씀이었다. 그때 처음으로 내 손에 쓸려 눈시울에 엎드리는 어머니의 속눈썹을 보았다. 참 길고도 아름다웠다.

거실에 나와 앉았다. 지난밤 첫눈이 내렸다. 새로 지은 방송대학교 건물에 새벽까지 불이 환하다. 어둑한 앞산에 눈이 하얗다. 어둠 속에서도 아주 깨끗하고 하얗다.

엄마는 나물을 좋아하는 나를 위해 취를 캐다 방앗간 앞에 심었다. 나는 연자방아 앞에서 취를 뜯는 어머니 사진을 바라보며 옛날 생각에 잠겼다. 떠나시던 그날 생각에 잠겼다. 가슴이 아프다.

　　밖에는
　　첫눈이 내렸다.
　　시끄럽던 바람도 없이, 나뭇잎 하나 날리지 않고
　　조용히, 아주 조용히…….

　　소나무 늘어진 가지 위에 쌓인 하얀 눈이 깨끗하다.
　　아주 깨끗하다.
　　아주 아주 깨끗하다.
　　아니, 그냥
　　깨끗하다.
　　당신의 영혼이 내리신 것처럼…….

　나는 서둘러 축을 닦았다. 어머니께 드릴 축을 지었다. 그리움을 담아 한 줄 한 줄 있는 힘을 다했다. 손은 떨리지 않았다. 눈물도 묻어나지 않았다. 소나무 가지마다 하얗게 쌓인 눈이 더욱 깨끗하다. 어머니 눈물처럼 하얗다.

(2006. 11.)

그냥 떠나신 아버지

"아들! 막내야!"

아버지의 외마디 부름이다. 나는 가까이 사는 형님이 전화를 받지 않아 애를 끓이고 있는 중이었다. 새벽 2시, 형인들 바로 전화를 받을 수 있을까.

아버지에게 달려갔다. 의사가 고개를 가로저었다. 아파트에서 업고 내려왔지만 차에서 내려서 응급실까지는 걸어오셨다. 그때까지만 해도 별일은 아닐 것이라고 생각했다. 당직의사가 급하게 x-ray 검사를 하더니 심근경색이 심하게 왔다고 했다. 이 정도면 삼십 대도 회생이 힘들다는 말까지 덧붙였다. 술이 확 깼다. 급하게 형님에게 전화를 거는 중이었다.

아버지는 이미 아무 말씀도 못 하셨다. 의사는 최후진단을 내렸다. 내게 뭔가 남은 말씀이 있었던 걸까. 아버지는 그냥 떠나셨다. 새벽 2시 40분이다. 이렇게 허망할 수가 있나. 그때 형님과 형수님이 도착하셨다. 나는 죄인처럼 말했다. 나는 죄인이다.

"돌아가셨어요."

형님도 형수님도 믿지 않았다. 나는 두렵고 나의 죄가 무거워서 어찌할 줄 몰랐다. 가족들을 어떻게 만나야 하나. 그래도 정신을 차리고 형님 누님들에게 전화를 했다. 큰형수님이 달려오셨다. 큰형수는 크게 곡소리를 내셨다.

2003년 11월 30일, 그날 나는 만취 상태였다. 아내가 깨우는 바람에 아버지의 비명에 가까운 신음을 들을 수 있었다. 한밤중 12시 20분이다. 만취 상태에서 아버지가 하라는 대로 물수건에 찬물을 묻혀 이마의 땀을 닦아드렸다. 이마고 얼굴이고 식은땀이 쉴 새 없이 흘러내렸다. 가위에 눌려도 이렇게 식은땀이 많이 흐르나. 얼마나 심한 악몽을 꾸셨기에 아버지가 이렇게 놀라셨을까. 아버지는 가슴을 치며 답답해하신다. 숨을 몰아쉬신다. 병원에 가실래요? 아니 무슨 병원여? 하실 줄 알았다. 그런데 그럼 그냥 죽게 놔둘겨? 아 예사롭지 않다. 이번에는 아버지 엄살이 보통이 아니시다. 그렇게 생각하고 싶었던 것이다. 나는 서둘러 윗옷을 걸쳤다. 아버지는 잠옷을 벗고 잠바까지 챙겨 입는다. 괜찮으신 건가. 시계도 찾으신다. 정말 괜찮으신가 보다. 손수 다 하셨다.

아내는 차를 가지러 가고 나는 아버지 팔짱을 끼고 현관에 나갔다. 그런데 신발을 찾던 아버지가 현관에 털썩 주저앉는다. 숨을 몰아쉬신다. 아버지에게 등을 내밀었다. 난생처음 업어본 아버지는 검불처럼 가벼웠다. 눈물이 확 솟았다. 어린 날 몸이 약했던 나는 아버지가 안고 있어도 그냥 스러져버렸다고 한다. 아버지가 등에 업고 시오리 신작로를 뛰어가서 살려 돌아오곤 했다고 한다. 그렇게 살려낸 내가 이제 아버지를 업었다. 눈물 나게 가볍다. 공동현관 앞에 아내가 차를 댔다. 젊은 아버지에게 어린 나도 이렇게 가벼웠을까. 아버지도 우리 팔남매의 무게를 느끼셨을까? 문득 한가한 반심도 들었다.

5분 거리도 안 되는 대학병원에 도착하자 걸어서 응급실에 들어가신 아버지는 한 15분 만에 떠나셨다. 나는 황당했다. 취기가 남아 있는 내 입에서는 아직도 술 냄새가 진동할 것이다. 형님이나 형수님이 오시면 이 냄새를 어찌 감출까. 이 불효를 어찌할 거나.

퇴근하고 저녁 모임에 나가면서 저녁 식탁에 잠깐 앉았다. 아버지가 저녁 진지를 드시고 계셨기 때문이다. 아버지는 떡국을 좋아하셨다. 찬바람이 나면 아내는 가래떡을 뽑았다. 우족을 고아 국물을 낸 다음 수시로 아버지께 떡국을 끓여드렸다. 나도 덩달아 맛나게 먹은 것을 보면 떡국을 좋아한 것도 아버지를 닮은 모양이다. 아버지가 떡국을 하도 맛나게 드셔서 모임에 나가고 싶은 마음이 사라졌다. 그러나 달포 전에 열었던 첫 수필집 『축 읽는 아이』 출판기념회에 왔던 회원들에게 한턱내기로 했기에 나가야 한다.

"아버지, 맛있어요?"

"그래 맛있다. 너도 앉아 먹어라."

아버지가 떡국 한 대접을 다 비우시는 것을 보고 자리에서 일어났다. 그리고는 술에 취해 들어왔다. 술에 취한 내 잠자리가 험하니까 아내가 거실로 쫓겨나서 잠들었다. 그 바람에 한밤중 아버지 고통 호소를 듣고 나를 깨운 것이다. 그나마 다행이었다.

형님과 돌아가신 아버지를 모시고 다른 병원 영안실로 가는 차 안에서 큰누님께 전화를 드렸다. 벌써 새벽이다. 누님은 전화를 받고 오히려 차분한 목소리다.

"우리 막내가 놀랐겠네. 아무 생각도 하지 말어. 어른들 돌아가실 때 그렇게 돌아가시면 복인겨. 아버지는 돌아가시는 복도 타고나셨네. 잘 돌아가셨다. 동생 아무 생각도 하지 말어. 잘 돌아가신겨."

'워티기 된겨. 아버지가 갑자기 왜 돌아가신겨' 하고 형제들이 채근하면 어쩔까 조마조마했다. 아버지 주검 앞에서 막내인 나는 그런 못난 걱정을 했다.

바로 얼마 전 92세이신 당숙이 돌아가셨을 때도 아버지는 그런 말씀을 하셨다.

"작은할아버지 제사 지내고 바로 돌아가셨대요. 제사가 한

날 돌아오겠어요."

"잘 돌아가셨다. 아흔둘이 뭐여. 아흔둘이"

하시면서 당신도 아흔 살인 걸 잊어버리고 장수하시는 사촌 형 흥을 보셨다. 그러시던 아버지인데 90세가 뭐가 부끄럽다고 그렇게 급하게 떠나셨다. 다만 2시간도 안 되게 고통을 호소하다가 가까이 사는 자식들도 안 보고 그냥 떠나셨다. 아무 말씀도 없이 그냥 떠나셨다. 10년을 모신 막내아들 며느리에게 이렇게 죄책감만 상으로 남기고 떠나실 게 뭐란 말인가. 다만 사흘만이라도 병원에 누웠다가 돌아가셨으면 허랑하지는 않을 것이다. 막내는 이래도 죄인이 된다. 누님 말씀대로 아무 생각도 하지 말면 되는 것인가. 내가 술을 마셔서 그런가. 별별 생각이 다 들었다. 그날 낮에 복지회관에 가셨다가 고등어 한 손 사 들고 십 리는 되는 모충동 배고개를 걸어서 올라오신 아버지이다.

날이 새자 빈소에 기자들이 모였다. 이튿날 신문마다 아버지 기사가 나왔다. 여기저기 신문마다 기사가 났으니 아버지는 정말 돌아올 수 없는 곳으로 떠나신 것이다.

'주요무형문화재 56호 종묘제례예능보유자 원백園白 이은표 李殷杓 선생 별세.'

(2025. 1.)

바람의 기억

 그녀는 정말로 나타났다. 노란 프리지어를 한 아름 안고 있었다. 바람을 타고 사라진 그녀가 바람을 타고 나타난 것이다. 내 가슴에도 엷은 바람이 인다. 나는 달려가 그녀를 안았다. 프리지어가 으스러질 것 같았다. 우리말이 어눌하다. 독일로 건너간 지 27년이라고 한다. 삼도 접경 의풍마을 순덕이가 바람 타고 독일로 넘어가더니 심장내과 명의 순주가 되어 돌아왔다.

 백두대간 베틀재 고갯마루에는 언제나 바람이 불었다. 겨울밤에는 휘파람소리이다가 때로는 명도아기 울음소리를 냈다. 오월은 되어야 백두대간 베틀재에는 땅에 박힌 얼음이 빠진다. 얼음은 골바람이 되어 날망으로 기어오른다. 고갯마루에 아름드리 느티나무가 있다. 느티나무 아래에는 성황당이 있다. 널빤지로 지은 성황당 안에는 초라하지만 으스스한 '소백성황신위小白城隍神位'라고 쓴 성황님이 앉아 있다. 느티나무 가지가 바람을 일으키면 성황당 판자가 덜렁덜렁 받아먹는다.

내겐 소름이 돋는다. 한낮에도 서늘하다.

  단양읍으로 출장 갔다 돌아오는 길은 면소재지 영춘에서 오르막길 삼십 리 내리막길 십 리 배틀재를 걸어서 넘어야 한다. 의풍학교 선생 4년, 아마도 한 80번은 넘은 것 같다. 그때마다 베틀재 바람을 맞았다. 순덕이도 분이도 만나려 넘어야 하는 운명이 휘적휘적 바람이 되었다.

  베틀재 바람은 계절마다 다르다. 봄에는 산중에도 샛바람이 분다. 경상도 부석에서 도회의 소식을 안고 백두대간 마구령을 넘어 두메로 온다. 봄바람을 맞아도 베틀재 느티나무는 더디게 잎을 틔운다. 베틀재에서 골짜기 왕바위 사이를 비집고 의풍 마을로 내려가는 길은 십 리가 넘는다. 개울가 바위를 병풍 삼아 화전민 가옥이 듬성듬성 들어앉았다. 골물이 제법 소리를 내어 우는 봄날에는 외딴집 분이가 나와 달래를 씻는다. 엉덩이를 다 드러낸 채……. "출장 다녀오시는가요?" 보송보송 이마에 봄바람 맞은 머리카락이 헝클어진다. 가슴이 지난가을보다 더 봉곳하다. 스물세 살 내 가슴에 바람이 인다.

  어느 비 내리는 가을날은 밤에 고개를 넘었다. 영춘에서 초저녁에 출발했어도 베틀재를 넘을 때는 아홉시가 넘었다. 순덕이 오라버니인 김형이 고갯마루에 마중 나왔다. 영춘에서 남한강 물안개를 묻혀 넘어온 하늬바람이 느티나무를 흔들어 댄다. 와르르 바람이 인다. 성황당 판자가 덜렁덜렁 흔들린다.

성황님이 튀어나와 옷자락이라도 붙잡을 것만 같다. 내리막길로 내려 뺀다. 분이네 집에 호롱불이 깜빡거린다. 모롱이를 돌 때 개울에서 '왈그락 와사사' 바람이 일었다. 절벅절벅 물 밟는 소리가 난다. 김형은 날다람쥐처럼 벌써 저 앞에 내닫는다. "얼렁 와요. 빨리요" 엎어질 듯 따라간다. 도시 문명을 벗어나지 못한 발바닥이 자갈 박힌 밤길에 서툴다. 깜빡깜빡 순덕이네 집에 불빛이 보인다. 마당을 밟고 나서야 김형 걸음이 멎는다. "거 뭔지 알아요? 멧돼지요. 걸리면 뼈도 안 남기고 다 깨물어 먹어요." 후~ 등골에 찬바람이 인다.

여름철 앞개울에는 맑은 물이 넘쳐흐른다. 밤에는 별이 밝다. 개울가 자갈밭은 밤에 더 깨끗하다. 처녀총각들이 저만치 떨어져 멱을 감는다. 이들은 열다섯 살부터 스물서너 살까지가 대부분이다. 스무서너 살만 넘으면 대개 가정을 이룬다. 하숙을 해야 다닐 수 있는 중학교 진학은 꿈도 꾸지 못한다. 한해에 한둘이 고작이다. 순덕이는 한문 서당에 들어갔다. 내 가슴에는 슬프고 안타까운 바람이 들었다. 졸업반 아이들이나 마을 청년들을 보면 가슴에 왕바람이 든다. 진학은 때가 있어서 놓치면 그걸로 끝이다. 그들에게 부채감이 바람처럼 일어 가슴을 앓았다. 가슴에서 일어난 바람은 온몸을 휘젓고 다녔다. 하마터면 중학교에 가지 못할 뻔했던 기억이 된바람이 되어 머리를 때렸다. 함께 진학하지 못한 친구에 대한 기억, 졸업식

날 숨어 울던 여자아이들이 바람의 씨앗이 되었는지 모른다.

 봄이 되어 나는 야학을 열었다, '의풍야학'에는 40명 넘게 모였다. 윗마을, 아랫마을, 양지뜸, 음지말에서 모여들었다. 순덕이도 분이도 왔다. 경상도 마구령 아래 남대리에서도 오고, 고치령 아래 마락리에서도 왔다. 삼도봉, 형제봉, 마대산 골짜기 화전민 독립가옥에서 바람에 멍든 청년들이 다 모였다.

 저녁 여섯시에 모여 네 시간 수업을 했다. 월간지 같은 강의록은 한 권에 전과목이 다 들어 있다. 결석도 없다. 나도 청년들도 신이 나 있는데 구설이 심하다. '지지바들 연애하기 좋겠다,' '총각 선생이 처녀 맛 좀 보겠네.' '산골 청년들을 의식화하려 한다.' '왜 순진하게 일 잘하는 아이들에게 바람을 넣느냐.' 경찰서에 불려가서 조사도 받았다. 구설은 바람을 잠재우지 못한다. 그해 고입 검정에 다섯 명이 합격했다.

 큰일이다. 봄바람이 불었다. 봄바람이 일자 처녀 아이들이 보따리를 싸 들고 베틀재를 넘었다. 모내기 때 들밥 광주리를 이고 나가야 할 처자들이 보따리를 이고 대처로 나가버렸다. 이들은 산업체 부설 고등학교에 입학했다. 순덕이가 사라진 건 그때였다.

 사라졌던 순덕이가 순주가 되어 돌아왔다. 순주는 프리지어를 내려놓고도 내 손을 놓을 줄을 모른다. 산업체 고등학교를 졸업하고 K대에 합격했다. 재학 중에 독일 유학 시험에 합격했다. '여러분들에게는 베틀재 너머에 여기서보다 더 크고 의미 있는 일들이 기다리고 있다.' 야학에서 내가 한 말이라고 한다. 스물세 살 풋내기 교사가 어찌 그런 말을 생각해냈는지 생각할수록 기특하다. 그건 처음 일어난 미풍일지도 모른다. 순주는 의대에 진학하여 박사 학위를 받고 독일에서도 이름난 심장내과 명의가 되었다. 한 달 휴가를 받아 30년 전의 나를 수소문해 찾아온 것이다.

바람은 느티나무 가지 끝에서 일어나지만 거기서 멈추는 것은 아니다. 성황당에도 불고 우리네 이마에도 불고 가슴팍에도 분다. 산골 소녀 분이 치맛자락에도 불고 가슴에도 파고든다. 그러나 바람은 혼자서 존재를 드러내지는 못한다. 누군가에게 부딪치면서 존재를 드러낸다. 성황신도 불러내고 야학도 일으키고 명의도 만들어낸다. 바람은 그렇게 무섭지만 그냥 바람일 뿐이다. 그러나 바람의 기억은 고희를 넘은 내 안의 나뭇가지에 아직도 남아 살랑거린다.

(2024. 5.)

달기똥 묻은 달걀

 오랜만에, 참 오랜만인 한 3년 만에 교직의 고향인 초임지 의풍에 다녀왔다. 연풍, 송계, 월악산 억수계곡, 덕산 계란재를 넘어 구담봉 옥순봉의 장회나루를 다 지나고 단양읍에서 마늘정식으로 점심을 먹었다. 고습재 넘어 가곡에서 우회전하여 보발리를 지나 보발재 굽이굽이 돌며 내려가 구인사를 지나고, 봄이 길었으면 하는 소망이 간절한 영춘永春에서 밤재를 넘어 동대리를 스쳐 이름조차 험하고 험한 베틀재에 올라서 삼도봉에서 불어오는 바람을 맞았다. 저 아래 장건지 골짜기에서 멧돼지 떼를 만났던 밤을 생각하니 새삼 소름이 끼쳤다. 눈이 쌓여 달이 더 슬프게 밝던 날 넘던 일 생각하니 마음은 도리어 푸근해진다. 성황당이 있던 자리에 세워 놓은 정자에 오르니 생각이 참 많다. 품은 정이 깊었나 보다.
 김삿갓문학관이 있는 노루목 상회식당에 들렀다. 선글라스를 끼었는데 제자도 그의 아버지도 어머니도 나를 쉽게 알아본다. 마음에 있으면 무엇으로 가린들 보이지 않으랴. 제자를 만나고, 제자보다 더 반가운 그 아버지 김성규 씨와 손을 잡았다. 아직도 거친 노인의 손을 잡았다. 군대 간 아우가 왔다고 한들 이보다 더 반가워할까? 아내는 옛 학부형에게 뚜레쥬르 롤케이크를 드렸다. 아니 할머니 된 그 부인에게 드렸다. 쉰이 넘은 제자는 어쩔 줄 모른다. 점심을 먹었다니까 점심 손님을 받느라 정신이 없으면서도 감자 부침개라도 부친다고 한다. 나는 그냥 가겠다고 했다. 옛 학부형은 달걀을 한 판 준다. 달걀 한 판 삶아 놓고 소주 마시던 옛일이 기억났을까? 줄 게 정말 없어 이걸 준다면서 '이건 집에서 병아리를 길러 얻은 달걀'이란다. 정말 집에서 기른 토종닭이 낳은 달걀이다. 달걀에는 오랜 정이 옹골지게 묻어 있었다.

이제 팔순이 가까운 노루목 상회식당 김성규 씨는 내게 전설이다. 마대산 아래 옥수수 농사짓던 그분과 그 부인은 내게 전설 같은 학부형이다. 나도 또한 그분에게 전설이다. 의풍에서 세 자식을 종아리 때려가며 구구단을 끝까지 가르치고, 야학을 열어 청년을 깨우치고, 아이들과 꺽지를 잡고, 뱀장어를 움키던 나는 그에게 전설 같은 선생이다. 소주든 옥수수엿술이든 청탁을 가리지 않았고, 고추장 찍은 풋고추든 꺽지 튀김이든 안주도 가리지 않았던 이방주는 그분에게 전설 같은 사람이다.

돌아오는 길에 부석면 남대리로 백두대간 마구령을 넘었다. 이 대단한 고개를 걸어 부석사 구경 가던 젊은 날이 내게 있었다. 그때는 조카인 영월 청령포의 단종이 삼촌인 순흥의 금성대군에게 보내는 밀사가 넘던 고개라는 것을 알지 못했다. 몇 해 전에 노산군 산신당이 있는 고치재에서 비를 흠씬 맞으며 선달산으로 가는 길에 이곳을 지나던 옛날이 생각났다. 이제 세 번째이다. 이것이 마구령과 나의 인연이다. 마구령은 많은 사람들의 눈물겨운 인연이 있고 내게도 아득하고 낭만적인 인연이 있다.

부석사 무량수전, 무량수전 앞 석등, 석등에 부조된 얌전한 보살님, 부석사 연유된 뜬돌, 화엄세계 의상대조사, 사바세계로 물이 되어 쏟아져 내리는 부처님의 은혜, 부처님의 자비가 다 내게 왔다가 세상으로 돌아나간다. 나는 세상에 인因이 되고 세상은 나에게 연緣이 된다. 부석사 앞 폭포 쏟아지는 연못에 물안개가 불법과 인연처럼 아련하다.

풍기에서 중앙고속도로에 올라섰다. 차가 산속으로 자꾸 들어가더니 어둡고 깊은 굴에 스며든다. 아 이것이 어둠이구나. 어둠은 이렇게 다가오는 것이구나. 아내에게 부탁해서 안경을 밝은 것으로 바꾸어 끼었다. 조금 밝아졌다. 그러나 곧 어둠이다. 어둠은 안경으로 어찌할 수 없다. 길고 어두운 죽령 굴길을 지나 단양 대강면 용부원으로 빠져나오니 하늘이 참 밝고 곱다. 번뇌의 세계에서 도망 나온 기분이다.

장회나루 휴게소에 다시 차를 대었다. 해우소에서 근심을 풀고 강선대降仙臺를 찾으니 나무에 가려 보이지 않는다. 키를 넘게 자란 느티나무에 가려 강선대도 옥순봉도 보이지 않는다. 강선대 옆에 있는 두향이도 보이지 않는다. 나무는 강선대나 두향이 그리운 이들의 시계視界를 가린다. 아름다운 사랑이 그리운 이들의 눈을 가린다. 나는 마음으로만 강선대를 본다. 말목산, 구담봉, 옥순봉, 금수산이 다 보인다. 퇴계 선생과 인연을 원망하며 강선대에서 생을 마감한 기생 두향을 본다. 내게 인연이 있으면 보이지 않는 것도 다 보인다. 세상이 다 보인다.

월악 영봉 바라보며 송계 솔바람에 번뇌를 씻고 집에 돌아왔다. 문득 노루목을 뒤돌아 생각하다가 김성규 씨가 준 달걀 한 판을 풀어 보았다. 나와 함께 마구령을 넘고 죽령을 넘어온 달걀을 풀어 보았다. 토종닭이 낳은 달걀답게 달기똥이 묻어 있었다. 여기저기 피똥도 묻어 있었다. 피똥은 토종닭의 힘겨운 삶의 자국이다. 주인의 밥을 받아먹은 닭의 인연의 자국이다. 똥이 묻지 않은 곳이 너무 깨끗해서 똥도 피도 더러워 보이지 않았다. 오래된 정이 묻어 있는 것으로 보였다. 진한 인연이 묻은 것으로 생각되었다. 노루목 김성규 씨는 내게 달기똥 묻은 달걀 같은 인연을 준 것으로 생각되었다. 오늘따라 서창에 비치는 노을이 더욱 찬란하다.

(2015. 7.)

쌀 한 가마

 청주 서원구 죽림초등학교 앞에 가면 죽림동 월천마을 유래비가 있다. 주택공사에서 아파트를 짓기 전에 방앗간이 있던 바로 그 자리이다. 이 유래비문을 쓰면서 나는 그 앞을 걸어 학교를 다니던 8년을 생각했다. 지금도 고향 다니는 길에 유래비 앞에 서면 옛날 생각이 난다. 방앗간 마당은 아주 넓고 늘 정리가 잘 되어 있었다. 마당 한편에는 소달구지가 있고 커다란 황소가 달구지 옆에서 눈을 지그시 감고 되새김질을 하고 있었다. 꼬리로 '툭툭' 파리를 날리며……. 방앗간 앞 냇물은 마당 가까운 보에서 한 번 머물렀다 흘러 물소리가 시원했다. 거기에 방천 길가에 커다란 양버즘나무가 있었다. 누군가 앉을개를 놓아서 시오리 하굣길에 잠시 앉아 쉬어가기도 했다.
 고등학교 1학년 열일곱 살, 그 시절에도 보릿고개에는 쌀이 귀했다. 방앗간 마당을 돌아 막 양버즘나무 아래 앉아 쉬려 할 때였다. 방앗간 문 앞 지게에 쌀인지 한 가마를 얹어 놓고 연씨 청년과 담배를 피우던 일가 청년 하나가 나를 불렀다. 나이는 나보다 열 살쯤 많지만 손항孫行이라 나를 '대부大夫'라고 부르는 나이 때를 벗지 못한 꾀돌이다. 그러나 머리가 좋아 온갖 지혜가 가득해서 있는 집안에 태어났더라면 한자리 톡톡히 해먹었을 사람이다.

"대부! 이리 좀 와 봐유. 잠깐만 와 봐유."

"왜유?"

잠깐이면 된다는 말에 방앗간 마당으로 걸어갔다. 또 무슨 장난으로 날 골탕 먹이려나. 그런 우려를 하면서도 그의 장난 밑바탕에는 늘 우리가 일가라는 정서를 담고 있어서 안심은 되었다. 둘 다 나의 중형仲兄 친구들이다.

"대부! 지게질 잘 한다매유? 동네 소문이 났는디 쌀을 한 가마씩 지고 서당까지 올라간다믄서유."

서당이란 서당이 있던 우리 집을 말한다. 세월이 지났지만 동네 사람들은 우리 집을 다 서당이라고 불렀다. 그는 종가집인 우리 집까지 우마차가 들어가지 못한다는 걸 놀리고 있는 것이다. 방아를 찧어 달구지에 실어다 작은댁 마당에 부려놓으면, 큰형님을 도와 쌀을 한 가마씩 나누어 짊어지고 한 마장 쯤 되는 고갯길을 올라가야 한다. 그걸 놀리고 있는 것이다. 아니면 형님을 돕는 어린 나를 기특하게 여기는 뜻인지도 모른다.

"대부! 이거 쌀 한 가마인디 지고 일어서기만 하면 대부한테

다 줄게 져 봐유."

"정말 주능규? 딴 소리하기 읎기유. 일어나기만 하면 되는 기쥬?"

"아이 중말유. 주구말구유. 나이 더 먹은 사람이 왜 대부한 티 그짓말을 하것슈?"

"몇 말 더 지고 일어나면 더 줘유?"

"아니 더 진다구? 더 줄게유. 걱정 말구 지고 일어날 만큼 져 봐유."

둘러보니 서너 말쯤 담긴 가마가 또 있었다. 두 사람의 도움을 받아 번쩍 들어서 지게 위에 포개 얹었다. 그 위에 가방을 얹고 지게꼬리를 맸다. 가방을 매는 나를 보더니 두 청년의 눈빛이 의아한 빛으로 변했다.

"일어서기만 하면 내 거니께 지고 가면 되는 기쥬? 지게는 저녁에 갖다 줄께유."

다시 한 번 다짐을 받았다. 하굣길이라 텅 빈 배에서 힘이 날 리 없었다. 그러나 한번 겨루어 보리라. 오른쪽 무릎을 꿇고 지게 작대기에 힘을 실어 45도 각도로 몸을 구부린 다음 어금니를 앙다물고 콧구멍으로 바람을 '훅' 내품었다. 지게는 한번 기우뚱하더니 앞으로 꼬꾸라질 듯이 몇 걸음 걸어갔다. 그러나 서너 걸음에 곧 균형을 잡았다. 그들의 놀란 눈동자가 눈에 보이는 듯했다. 쌀 한 가마하고도 서너 말을 벌었다. 이제 내 것이다. 집으로 가면 되는 것이다. 가다 지게를 내려놓으면 다시 일어설 수 없다. 일어서기도 했는데 이제는 발자국만 옮겨 놓으면 쌀은 내 것이다. 이 보릿고개를 쌀밥으로 넘을 수 있다.

"대부, 대부! 아니 그냥 가면 어떡햐?"

나이 많은 족손族孫의 애타는 부름을 뒤로 하고 한 50m쯤 걸었다. 하늘이 노랗다. 코에서 단내가 폭폭 난다. 장딴지가 터질 것 같다. 그래도 저 나이 많은 손자를 혼내 주리라. 나는 뒤도 돌아보지 않고 계속 걸었다. 아니 너무나 무거워서 몸을 돌릴 수도 없었다. 두 청년이 쫓아왔다.

"아니, 정말로 짊어지고 가버리면 어떡해유."

그래 맞아. 그만 일로 쌀 한 가마를 정말로 짊어지고 가면 어떡하나. 나는 이럴 때 어리지만 대부 노릇을 제대로 해야 한다는 정말 할아버지다운 기특한 생각이 떠올랐다. 그 자리에 지게를 내려놓았다.

"지고 갈규? 아니면 내 꺼니께 우리 집까지 져다 줄규?"

어깃장을 한번 놓고는 지게 위에서 가방을 내렸다. 나는 모자를 삐딱하게 쓰고 가방끈을 손가락에 걸어 어깨 너머로 늘어뜨리고 휘파람을 불며 돌아섰다. 사실은 그 쌀은 내 쌀이다. 계속 싸워서 내 것으로 할 수도 있었지만 체면 때문에 참았다. 지금도 그때 그 쌀이 내 것이라는 것은 어길 수 없는 사실이다.

족손族孫이나 나나 당시 쌀 한 가마는 생명만큼 소중한 재물이었을 것이다. 나는 환갑이 넘어 그 족손을 지금도 만난다. 이제 칠순을 훌쩍 넘었다. 농사를 지으면서도 지혜롭게 일해서 지금은 좋은 차를 굴리고 다닌다. 아마도 쌀 다섯 가마쯤은 주머니에 넣고 다닐지도 모른다. 나도 쌀 다섯 가마 값이 넘는 스마트 폰을 노리개로 가지고 다닌다. 그러나 그때 쌀 한 가마만큼 귀하다는 생각이 들지 않는다.

족손은 지금도 그 일을 생각이나 하는지 모른다. 아마 까맣게 잊어버렸을 것이다. 농담처럼 말을 꺼내 볼까 했지만 그 또한 체면 때문에 참았다. 얘기했다가 그가 자신의 체면 때문에 쌀 한 가마를 지갑에서 꺼내주면 큰일이다. 그는 기어이 주려고 하고 나는 받지 않으려고 하면서 서로의 체면 때문에 다툼이 일어날지도 모른다. 인제 우리는 둘 다 쌀 한 가마가 체면을 가릴 만큼 아쉬운 형편은 아니다. 그렇지만 나는 그이를 만날 때마다 그때 받지 못한 쌀 한 가마가 아직도 마음 한구석에 걸려 있다.

(2015. 3.)

성城 그리고 나무

  감염, 방역, 격리, 확진.

  불신의 어휘들이 벽이 되어 세상을 가로막고 있다. 미디어를 열면 생경한 어휘들이 마구 달려든다. 반가운 사람도 손잡을 수 없고, 사랑하는 사람도 포옹할 수 없다. 혼자 걷고 혼자 먹고 춤도 혼자 추어야 한다. 격리가 최선이고 혼자가 마음 편하다. 우울하다. 이런 상황에서 뛰쳐나가고 싶다.

  가림성에 가자. 거기엔 사랑나무가 있지 않은가. 불신을 허물고 사랑의 약속을 지켜준다는 느티나무가 있다. 모든 사슬을 벗어버리고 카메라를 메고 차 안 가득 사랑의 신을 모시고 출발했다. 머릿속엔 이미 느티나무를 그리고 있다.

  가림성은 몇 해 전 산성 답사라는 이름으로 처음 다녀왔다. 그 후 봄이든 겨울이든 가리지 않고 다녔다. 가림성에는 백제 동성왕과 위사좌평 백가苩加의 비화가 전한다. 동성왕은 높은 관직에 있던 백가를 임천 성흥산으로 보내 축성을 맡겼다. 왕은 백가를 정적이라 여겼고 백가는 왕을 의리 없다고 생각했을 것이다. 불신이다. 백가는 축성이 끝나면 조정으로 불러줄 것으로 믿었으나 왕은 백가를 가림성 성주로 임명해 버렸다. 제가 쌓은 성에 격리된 것이다. 화가 난 백가는 부근으로 사냥 나온 동성왕을 자객을 보내 죽여 버렸다. 불신이 불신을 낳고 서로를 죽음에 이르게 한 것이다.

가림성은 당의 장수 유인궤가 난공불락이라며 피해서 임존성을 먼저 쳤던 천오백 년 옛 성이다. 불신으로 쌓은 성 위에 사랑나무가 서 있는 것이나 내가 가림성을 답사하다 이 나무에 빠진 것이나 참 아이러니하다. 산성 답사기를 책으로 엮으면서 생각 없이 『가림성 사랑나무』라고 표제를 달았다. 답사한 불신이 사랑으로 승화한 것이다.

임천면 소재지는 썰렁했다. 초등학교도 문이 굳게 닫혔다. 면사무소 마당에 방역차량 몇 대가 서 있을 뿐이다. 전에는 면사무소 마당에 차를 두고 오 리쯤 걸어 올라가면서 금강 유역의 기름진 백제의 들판을 내려다보았다. 가림성이 지켜내려 했던 보물이 다 보였다.

주차장 앞을 떡하니 가로막은 것은 거대한 바위벽이다. 바위 사이로 만든 계단을 가쁜 숨 달래며 오르면 남문지가 나온다. 남문을 지키는 장수는 백가도 아니고 흑치상지도 아니다. 아름다운 느티나무이다. 느티나무가 성벽 위에 굵은 뿌리를 내리고 백제의 들을 내려다본다. 성벽은 불신으로 자신을 지키려 하지만 느티나무는 사랑을 베풀어 세상을 지키고자 한다. 성을 답사하던 내게도 어느새 사랑이 옮았다. 성안 너른 건물지를 100m쯤 걸어가다 뒤돌아보면 느티나무가 하늘에 사랑을 그리고 있다. 백제의 너른 들녘을 향하여, 서해로 천천히 흘러 들어가는 비단 같은 금강을 향하여 사랑의 메시지를 보내고 있다. 사람들은 이 느티나무를 사랑나무라고 한다. 그야말로 '가림성 사랑나무'이다.

성은 불신을 쌓아올린 벽이다. 가림성도 일정하게 돌을 깎아 불신의 벽을 세웠다. 동성왕은 백가를 격리시키려 했고, 백가는 그런 동성왕을 불신했다. 신라와 당은 다시 일어나는 부흥 백제의 감염이 두려웠고, 백제는 신라와 당을 방역하려 했다. 정치인들은 예나 지금이나 불신의 바이러스에 감염되어 있다.

불신으로 세운 성벽에 느티나무는 뿌리를 박고 버티면서 하늘이 내리는 사랑을 받아 대지에 전한다. 성벽은 무너졌지만 사랑의 느티나무는 꿋꿋하다. 불신은 언젠가 무너지지만 사랑은 쉼 없이 커가는 모습이다. 성벽에 뿌리내린 사랑나무는 불신을 길어 올려 그 영양으로 가지를 뻗고 잎을 피운다.

오늘은 사랑의 느티나무를 보러 따뜻한 사랑의 신을 모시고 왔다. 나는 버릇처럼 성벽 사진을 찍었다. 신은 사랑을 찍으라 계시하는데 내 버릇은 불신을 찍고 있는 것이다. 흙 속에서 천오백 년 만에 드러난 성벽의 알몸을 보면서도 예전에 느꼈던 쾌감은 느끼지 못했다. 마음은 이미 느티나무가 하늘에 그려놓은 사랑 그림에 빠져버렸다. 오리발 같은 뿌리로 백제 땅을 움켜쥐고 사랑을 그려내는 나무가 부럽다. 사랑나무 아래를 한 바퀴 돌아보았다. 거대한 사랑나무 그늘이 나를 감싸 안는다. 나의 불신은 햇살이 내리는 사랑에 사위어 버린다. 우리는 결국 사랑의 그늘 안에서 산다. 나무를 안아볼 용기는 나지 않았다. 포옹하지 않아도 사랑나무가 가르치는 말씀이 함박눈처럼 쏟아졌다. 머리에도 어깨에도 하얀 사랑이 소복하게 쌓였다. 머리가 맑아진다. 우울감이 스르르 빠져나가는 기분이다.

 가림성 사랑나무 아래에서 사랑을 약속하면 더 깊은 사랑을 할 수 있다고 한다. 참 좋은 믿음이다. 그런 믿음으로 더 깊은 사랑을 할 수 있다면 그것도 사랑나무에게 받은 은덕이다. 눈에 보이지도 않는 코로나바이러스가 세상을 휩쓸고 있다. 사랑을 잃어버린 인류에 대한 징벌이다. 제 잘못도 깨닫지 못하는 인간들은 서로를 '저만치 혼자서 피어 있는 꽃'으로만 여긴다. 불신 바이러스다. 사회적 격리라는 말을 우리는 이미 가슴 깊이 숨겨놓고 있었는지 모른다. '저만치'를 '이만큼'으로 불러 올 수 있는 사랑이 큰사랑이다. 오늘은 큰 사랑에 목마르다. 가만히 귀를 기울이고 사랑나무에게 큰사랑의 말씀을 듣는다.

 성에서 내려오면서 검은 마스크를 벗었다. 불신을 벗었다.

햇살이 고와서 사랑나무 그늘이 격리라는 마음을 불살라 주었는지 모른다. 차 안에는 관음보살님이 봄 햇살로 현신하여 기다리고 있었다. 우울을 밀어내준 사랑의 신이 고맙다. 돌아오는 길, 대조사에 들러 미래에 큰사랑을 실현할 미륵부처님께 삼배를 올렸다.

(2020 3.)

풍경 소리

'풍경소리'에는 풍경은 없었다. 풍경은 없어도 어디선가 그윽한 풍경 소리가 들리는 듯했다. 아, 풍경 소리는 풍경이 있어야만 들리는 것은 아니구나. 풍경 없이도 소리가 들려야 참된 풍경 소리로구나.

굽이굽이 보련산 보탑사 가는 산길을 오르노라면 '풍경소리'라는 작은 밥집이 있다. 낡은 통나무집에 황토를 바른 것도 좋고, 통나무집을 둘러싸고 있는 녹음이나 화사한 듯 다소곳이 피는 꽃도 좋다. 발코니 낡은 의자에 앉아 계곡 어스름에 차갑게 내려앉은 달빛을 받으며 오랜 정인情人과 해후의 홍차를 마시면 딱 좋을 것 같은 분위기이다. 고요한 마음으로 앉았노라면 한 마장쯤 되는 보탑사에서 계수溪水를 타고 동동 떠내려와 연곡지에 떼지어 몰려다니던 풍경 소리가 한 마리씩 두 마리씩 튀어 오를 것만 같다. 그때마다 밥집 '풍경소리'에 앉아 있는 우리도 마음속의 작은 종이 뎅그렁뎅그렁 울릴 것만 같다.

이름이 아름다운 밥집 '풍경소리'를 언제 가보나. 보탑사 비구니스님들이 독경하듯 피워낸 꽃을 보러 드나들면서 작은 주차장에 차를 대는 내디딤은 없었다. 그런데 그 '풍경소리'에 간단다. '풍경소리'에서 사십 년 전 정인을 만나 민물새우찌개를 안주로 술밥을 먹는다고 한다. 약속을 정하고 기다리는 이삼일은 이순耳順의 가슴도 설레었다.

아파트 앞에서 친구 철이를 만났다. 선배 두 분을 모시고 왔다. 사십여 년 전 백양사에서 내장산으로 넘어가는 금선계곡에서 5인용 텐트 하나로 밤을 함께 보냈던 같은 대학 여자 선배님이다. 늦가을 밤 선배들이 행여 얼기라도 할까 봐 마른나무를 주워 모닥불을 피우고, 다섯 여자는 텐트 안에서, 다섯 남자는 밖에서 밤을 새웠다. 내장산행 기차 안에서 우연히 만난 같은 대학 1년 선배일 뿐이라는 걸 생각하면 그야말로 정의로운 지킴이였다. 그 후로 선배들이 졸업할 때까지 우리를 친동생처럼 챙기고, 우리는 그녀들을 친누나처럼 의지했다. 점심시간이면 구내식당으로 배고픈 우리를 불러냈다. 하나같이 모범생이었던 선배들은 다섯 노라리의 알뜰한 멘토mentor가 되어주었다.

선배들이 졸업 후 바로 선생님이 되는 바람에 잊고 지냈다. 남녀관계로 만난 것이 아니고 착한 선배와 허랑하기 짝이 없는 후배들로 만났기 때문에 쉽게 잊었는지도 모른다. 이제 젊은 시절을 그리워할 나이가 되어서야 선배들은 노라리 후배들을 기억해 내고, 노라리 후배들은 알뜰한 선배를 그리워하게 되었다. 알뜰한 선배 중 한 사람인 '길이' 누나가 은퇴 후에 내가 선망하던 '풍경소리'를 운영하며 한가롭게 지낸다니 기막힌 우연이 또 있을까 할 법한 일이다.

나는 친구 철이와 '명이', '영이' 두 선배를 모시고 보탑사 꽃구경을 하며 길이 누나와 만날 시간을 기다렸다. 꽃이 아름다운 것을 보면 스님들의 자비를 보는 듯하고, 절집의 모든 당우들이 깔끔한 것을 보면 스님들의 수행을 짐작할 수 있다. 보련산 꽃술 같은 보탑에는 층마다 부연 끝에 풍경이 매달렸다. 연꽃송이 꽃잎 같은 산봉우리로 넘어가는 석양에 울려 뎅그렁뎅그렁 염불을 왼다. 풍경에는 잉어인지 붕어인지 매달려 한 순간도 눈을 감지 않고 정진한다. 저 멀리 바다에서 강으로 강에서 실개천을 타고 이곳 보련산까지 올라오느라 비늘도 살도 다 내려 말라빠진 잉어라야 청아한 소리를 낸다. 내려놓을 것은 다 내려놓고 가벼워질 대로 가벼워진 몸이라야 실바람에도 소리를 낸다.

'풍경소리'에서 길이 누나를 만났다. 예쁘던 옛 얼굴에 주름이 갔다. 화장기 하나 없어도 주름진 60대 길이 누나가 더 아름다웠다. 길이 누나는 내 손을 잡고 감격해했다. 다섯은 빠지고 우리만의 다섯이 한자리에 앉았다. 역시 선배인 바깥 선생님께서 민물새우찌개와 동동주를 내왔다. 나는 동동주를 마시기 전에 새우찌개를 한 숟가락 맛보았다. 깔끔하다. 고소하고 시원하다. 텁텁하거나 기름지지 않아서 좋다. 길이 누나는 이것저것 넣지 않아야 제맛 내는 법을 터득하고 있었다. 동동주를 한 탕기씩 받았다. 길이 누나는 취하지도 않았는데 예전처럼 내게 말을 놓았다. 평소 반말을 싫어하던 나도 웬일인지 군살 뺀 반말이 더 정겨웠다. 민물새우찌개 덕인지 풍경 소리 덕인지 따질 필요야 있으랴.

술이 몇 순배 돌고 나도 지나치게 취했다. 그때 어디선가 풍경 소리가 들렸다. 뺄 것 다 빼고 버릴 건 다 버린 민물새우찌개가 풍경을 울리는 것이라는 생각이 문득 들었다. 마음으로 듣는 풍경 소리는 격식도 차림도 다 버린 길이 누나의 순정한 우애라고 생각되었다. 환청이라 생각하고 싶지 않았다. 그냥 우리를 만난 길이 누나의 마음의 울림이려니 했다. 모두의 마음이 풍경이 되고 울림이 되어 산 아래에서 산문을 열고 보탑을 향하여 차오르는 소리라고 생각했다.

향기로운 술에 취했다 깨었다 하는 동안 밤은 점점 깊어만 간다. 바람도 멎었는데 그칠 줄 모르는 풍경 소리는 더욱 청아한 소리로 울어댄다.

(2016. 5.)

4 물음

이방주랑 버마재비랑

 박순원 시인의 시집 『에르고스테롤』 낭독회가 금천동 꿈꾸는 책방에서 있었다. 나는 박순원 시인과의 개인적인 관계보다 그의 시가 장난처럼 재미있으면서 깊은 메시지가 있어서 참여하기로 했다. 그리고 '무심수필' 문우들에게도 추천했다. 금천동 현대아파트 사거리를 지날 때 와이퍼로 감당할 수 없을 정도로 폭우가 쏟아졌다. 무릅쓰고 갔다.
 나는 읽을 시를 미리 골라 갈피를 질러서 가져갔다.

> 영화음악을 하는 박순원이 있고 정신과 의사 박순원이 있다
> 시도 쓰고 수필도 쓰고 문양 디자인을 하는 박순원도 있는데
> 나보다 연세가 훨씬 많으시다 조선시대에도 박순원이 있었다
> 공무원 중에서도 박순원이 있고…… 내가 알지 못하는 박순원
> 박순원들 나도 이 세상의 다종다양한 박순원 중의 한 사람으
> 로서 내가 박순원이라는 것을 한시도 잊은 적이 없다.
> 　　　　　　　　　　　　　박순원의 「지구는 둥그니까」에서

읽을수록 재미있다. 읽어나가는 중에 마음속으로는 어느새 '박순원'을 빼고 '이방주'를 넣고 있었다. 그런데 머뭇거리다가 이종수 시인에게 빼앗겼다. 다른 작품을 읽으려니 할 말이 꽉 막혀버렸다. 그래서 다른 작품을 안 읽고 이 시에 대한 이야기만 하기로 했다.

칼럼니스트 이방주가 있다. 2007년 12월, 17대 대통령선거 때의 일이다. 출근하여 연구실에 앉자마자 전화가 울렸다. '전화 받으시네. 선생님 지금 어디 계세요?' 걱정과 궁금증이 버무려진 목소리다. 출근했다고 해도 믿지 않는다. 검찰에 불려갔는지 경찰에 잡혀갔는지 솔직하게 말해야 손을 쓸 일이 아니냐고 한다. 이방주가 구속되었다는 것이다. 칼럼니스트 이방주가 어떤 후보를 비판했다가 선거법 위반으로 구속되었다는 보도가 떴다고 한다. 나는 구속되어도 보도될 정도의 유명인사는 아니니 염려 마시라 했다.

몇 분의 전화를 더 받으니 흥미롭다. 인터넷 검색창에 '이방주'를 치고 누르면 기업인 이방주가 사진과 함께 먼저 뜬다. 유명대학 동문회장이기도 하고 사회 기여도가 높은 사람인가 보다. 유명한 공인중개사도 있다. 시인 이방주도 꽤 유명한지 저서가 여러 권이다. 사실 '이방주'라는 이름은 흔한 이름은 아니기에 같은 이름을 쓰는 사람을 한 자리에서 만나본 일은 없다.

'방주'는 사람 이름으로만 쓰이는 건 아닌가 보다. 굴비로 이름난 고장에 갔더니 '방주굴비'라는 대형 굴비 도매상이 있었다. 방주굴비에는 굴비가 두름으로 엮여 주렁주렁 매달렸다. 내가 엮여 매달린 기분이었다. 전에 살던 동네 골목에는 '방주미용실'이 있었다. 지나갈 때마다 눈을 흘겼다. 통영 부둣가에 갔더니 '방주칼국수'가 있었다. 그것도 별로 맘에 들지 않는데 함께 간 사람들이 이왕이면 어쩌고 하면서 거기 들어가 칼국수를 먹었다. 역사인지 전설인지 '노아의 방주' 이야기에 근원하여 교회 이름에도 많이 쓰인다. 크건 작건 도시마다 방주교회 하나는 있는 것 같다.

방주라는 이름이 여러 곳에 쓰이는 것을 보니 이름이 나쁘지는 않은가 보다. 방주라는 이름을 쓰는 사람이 많다 하여 손해날 것도 없고 더 큰 소득이 오를 일도 아니다. 처음에 아무런 필연성은 없이 허망한 소망만 담아 붙여진 이름일 뿐이다. 거의 70년을 쓰는 동안 그 이름에 나는 많은 색깔을 입혔다. 잘한 일도 없이 이방주가 빛나기도 하고 죄도 없이 이방주가 더럽혀지기도 했다. 그러니 이방주라는 그 이름에 미안할 때도 참 많다.

나에게 붙은 방주라는 이름은 나의 삶에 따라서 꽃길도 걷고 자갈밭도 걸었을 것이고 또 다른 이방주라는 사람과 만난 방주는 그의 삶에 따라서 또 그렇게 꽃길도 걷고 자갈밭도 걸었을 것이다. 아마도 나랑 만난 이방주란 이름은 나보다 더 이름을 빛내준 그 사람을 바라보며 부러워할 것이다. 지조 있는 말로 강하게 칼럼을 쓰다가 구속된 사람과 만난 이방주란 이름은 당당하고 으쓱했을지도 모른다. '방주'라는 글자는 같은데 사람에 따라 느낌이 다를 테니 참 묘한 일이다. 나랑 만난 이방주란 이름은 지금 제 삶을 돌아보며 어떤 생각을 할까. 굴종의 삶이라 욕하지나 않을까. 방주가 내 삶을 점수로 꿇는다면 몇 점이나 줄까.

이런저런 생각을 하는 동안에 어느새 내 안에 따로 살고 있는 또 다른 '이방주'를 발견한다. 나를 일컫는 이방주와 구분하기 좋게 '버마재비'라고 다른 이름을 붙여 두었다. 이 아이는 나를 격려하고 칭찬하기보다 덤벼들고 비판하기를 좋아한다. 그는 매우 논리적으로 나를 마구 비판하여 꼼짝 못 하게 한다. 비틀비틀 걷는 것도 지름길을 두고 돌아서 가는 비겁함도 용납하지 않는다. 저도 제 나름의 꿈이 있는 모양이다. 목적이 분명하지 않은 길을 걸어가려 할 때는 용서 없이 말의 회초리를 휘두른다. 나는 이놈을 버마재비 중의 버마재비로 이름 지었다. 그런데 때로는 막무가내로 몽니를 부리면서 말도 안 되는 소리를 해댈 때도 있다. 되지도 않는 허물을 찾아 나를 흠집을 내거나 작은 실수를 침소봉대하며 마구 덤벼들고 물고 늘어진다. 한 마디로 논리도 설리도 없이 나를 비판한다. 이놈은 버마재비 중에 '오줌싸개'라고 이름 지었다. 또 다른 놈이 있다. 그건 내가 진정으로 감추고 싶은 비밀을 물어뜯는 버마재비이다. 이놈에게 작은 비밀이라도 들키면 털끝만큼의 용서도 없다. 끝까지 파고들며 본래의 나를 물고 찌르고 쑤셔댄다. 특유의 세모대가리 끄트머리에 마치 방울집게처럼 생겨 먹은 이빨로 물고 놓아주지 않는다. 이놈은 버마재비 중에 '사마귀'라고 이름 지었다. 대사헌, 대사간, 대제학이던 조선시대 삼사三司 같다.

나는 '이방주'라는 본래의 나의 이름만으로 살고 싶을 때가 있다. 그러나 버마재비 삼사가 세모대가리에 툭 튀어나온 눈깔로 감시하는 범주를 넘어설 수 없다. 그놈들의 언월도 같은 팔뚝을 피할 수가 없다. 나는 오늘도 삼사의 시야에서 도망치는 꿈을 꾼다.

돌이켜보면 내가 쓰고 있는 이방주란 이름이 크게 욕되지 않은 것은 버마재비 삼사의 덕이다. 눈을 부라리고 나를 감시하고 비판하는 버마재비, 오줌싸개, 사마귀의 은덕이다. 그러니 미워도 그놈들을 어찌 버릴 수가 있겠는가. 아직도 내 가슴, 머리, 손발, 안이비설신의眼耳鼻舌身意는 이 아이들이 치켜뜬 시선의 끈에 매달려 감각과 행동이 제어 당하고 있다. 나의 존재 너머에 사는 또 다른 존재인 버마재비 삼사 덕에 오늘을 흔들리지 않고 산다.

(2020. 8.)

낙가리 포도밭 사람들

버마재비 의문

 수필가 느림보님, 날씨가 갑자기 쌀쌀해졌네요. 이런 날이 올 줄 알았지만, 날씨에 맡겨야 하는 우리 버마재비들의 앞날이 암담하기만 하네요. 그런데 느림보님, 사람들의 운명도 뭐 별수 없게 되었던데요? 특히 용암동 낙가리 사람들 말이에요.

 느림보님, 지난봄 낙가리로 올라간 적 있지요? 초파일이 전날인가 해서 등때기가 따사롭기에 살살 기어 나와 고개를 둘러보니 포도밭 사이에서 서성거리던데요. 아, 그래요? 보살사에 올라가는 길이었다고요? 낙가리 포도밭 길을 걸어가면서 혹시 대학 다닐 때 긴 머리 여대생과 짝지어 와서 시시덕거리던 추억에 젖어본 건 아니겠지요?

 맞아요. 삼사십 년 전부터 여기는 포도밭이었어요. 영운동 버스 종점에서 작은 개울에 놓인 시멘트 다리를 건너면, 임업시험장 시험포가 있었지요. 우거진 나무 샛길에서 일어나는 흙먼지를 뒤집어쓰면서 산모롱이를 돌아서면 골짜기 산기슭이 온통 포도밭이었잖아요. 포도밭 가 자드락길에서 바라보면 그때 그 포도밭이 지금도 남아 있다는 생각이 들지 않아요? 낙가리 사람들은 아직도 대를 이어 포도덩굴에 매달려 살고 있잖아요.

그런데 낙가리라는 마을은 꼭 포도송이 모양으로 생긴 것은 알고나 계신가요? 한남금북정맥의 한 지맥이 포동포동 살이 올라 일구어낸 낙가산이 두 팔로 감싸 안고 있어서 마을 모양이 갸름한데다가 언덕마다 사람 사는 집이 알알이 맺혀 있잖아요. 언덕에 그 뭐랄까 별종 인간들의 호화주택이 들어서긴 했지만, 그래도 아직은 소나무 날숨을 받아 마실 수는 있걸랑요. 느림보님 당신이 세모대가리라고 놀려대는 내 머리는 적어도 90도는 마음대로 돌릴 수 있걸랑요. 그래서 주변의 웬만한 건 다 보인다는 건 아시는지요? 그거 참, 인간들 하는 꼬락서니가 보고 싶지 않아도 어쩔 수 없지요 뭐.

왜 말이 거칠어지느냐고요? '인간들 꼬락서니'라고 말해놓고 보니까 눈 뜨고 정말 보기 어려운 꼬락서니가 꼬리를 물고 떠오르네요. 그게 뭐냐고요? 생각해보세요. 느림보님 당신이 포도밭 가에서 꽃다지 노란 꽃을 바라보면서 '이제는 봄이구나.' 하고 빌빌거리거나, 자주색 포도덩굴에서 움트는 끄트머리가 발그레한 포도덩굴 새 이파리를 신기해할 날도 이제 머지않았다고요.

봄은 어김없이 오고, 봄이 오면 어김없이 꽃다지가 노란 꽃을 피우고, 포도덩굴에도 물이 오르는 건 누가 가르쳐 주지 않아도 낙가리 포도덩굴에 매달린 사람들은 다 믿고 의심하지 않잖아요? 그만한 건 우리 버마재비 세모대가리로도 다 짐작하니까 뭐 대단한 건 아니고요. 봄은 해마다 거짓 없이 오고, 가져오는 것이나 놓고 가는 것이 해마다 변함없걸랑요. 봄은 그냥 조용히 와서 요란하게 꽃을 피웠다가도 아쉬움이나 안타까움 한 번 없이 다 거두어 가잖아요. 아무리 가지 말라고 몸부림쳐도 봄이 가야 포도는 열매를 맺고, 여름이 깊어야 포도송이는 오동통하게 익어가잖아요. 자연은 숨김도 없고 오만도 없고 편협한 생각도 아예 하지 않잖아요. 사람들처럼 이해를 따져보지도 않고, 아무런 계산도 없이 행동하잖아요. 그런데 정말 사람들은 왜 그걸 모르는지 몰라.

  낙가리 사람들을 절망시키는 것은 봄도 겨울도 아니라네요. 그건 바로 인간 당신들이 아닌가요? 당신들이 자랑하는 문화라는 것이 다 그런 거 아닌가요? 우선 먹기는 곶감이 단 것은 알아 가지고 자연을 하나씩 빼먹어버리는 식의 어리석음 말이에요. 흘러가는 물을 가로막아 댐을 만들고, 폭포도 볼만한데 분수로 치솟게 하고, 가을을 건너뛰어 봄을 만들고, 봄을 가로막아 겨울을 만들고 희희낙락하잖아요. 겨울에는 여름 수박을 먹는 것을 자랑하고, 여름에는 온 집안에 찬바람이 돌게 만들어버리고요.

무슨 얘기를 하려느냐 그거지요. 지금 눈을 크게 뜨고 나를 노려보는 뜻은. 조급하게 굴지 말아요. 내 다 말할게요. 내 세모대가리에 붙은 두 눈깔을 휘둥그렇게 굴려보니까 여기 낙가리 포도밭을 다 뭉개고 밀어서 택지를 조성한다면서요? 사람들은 왜 자연을 부동산으로 보는지 몰라. 우리들의 삶의 터전이 왜 돈으로 계산되는지 몰라. 사람들은 꼭 그렇게 넓고 화려한 데서 살아야만 하나요? 사람들은 그렇게 시멘트로 흙바닥을 싹싹 발라놓고 거기만 디디면서 살아야 제맛이 나나요? 사람들은 그렇게 아파트를 짓고 층층이 포개져 살아야 맛이 나나요?

사람들은 깊은 숲 잎사귀에서 불어오는 바람은 싫은 모양이지요? 사람들은 나무뿌리가 뱉어 놓은 맑은 물이 졸졸 흐르는 개울물을 먹으면 배알이 뒤틀리는 모양이지요? 사람들은 포도나무나 꽃다지가 내뿜는 바람으로 숨을 쉬면 허파에 먼지라도 앉는 줄 아는 모양이지요? 낙가리 포도가 이제 제법 당도가 높아져 사람들에게 인기가 있다니까 심술보가 요동을 쳤나요?

도심 속의 낙원인 낙가리 포도원을 부자들의 낙원으로 만들고, 이 포도밭을 수십 년 지켜온 포도알 같은 정말 사람 같은 마을사람들은 몰아내야 속이 후련하겠지요? 그나마 자연이 남아 있는 이 낙원에 불야성을 만들고, 자동차 뿡뿡거리는 아비지옥으로 만들어야 속이 후련하겠지요? 수백 년 이곳에서 살아온 낙가리 사람들이 포도 농사를 지으면서 평화롭게 살게 그냥 두고, 가끔 찾아와서 그이들의 사는 모습에서 자연을 배우고 포도 맛 같은 진짜 삶의 행복을 배워 가면 얼마나 좋겠어요. 포도덩굴의 날숨으로 찌든 세상을 헹구기라도 하면 얼마나 좋겠어요. 사람들은 왜 그걸 모르는지 몰라

 단순한 자연의 질서를 어지럽히면 참혹한 운명을 맞게 된다는 사실을 모르는 걸 보면, 사람들은 버마재비 세모대가리보다 더 돌대가리야. 어이 추워. 겨울이 오면 불평 없이 생명을 내놓는 버마재비 운명도 아닌데 낙가리 포도밭 사람들은 어디로 쫓겨나야 하나요? 이제 다음 차례에는 문명을 자랑하던 사람들이 다 그렇게 될 텐데. 안 그래요? 똑똑한 느림보님. 대답을 못 하시네. 답답한 사람들은 정말 왜 그런지 몰라.

(2009. 11.)

보련산 버마재비
상행 2012

 보련산에나 가자. 이 답답한 하늘이 보련산에 가면 열리려나. 그러나 계산하는 것조차 답답한 하늘을 만드는 것임을 아는가? 최근에 김광규의 시 「상행」을 읽고 난 뒤 왼쪽 옆구리에서 슬금슬금 기어 나와 나를 괴롭히는 버마재비와 싸움을 여기서 끝내고 싶었다. 우선 연꽃 같은 보련산 보탑사에 정중하게 모신 아름다운 부처님께 삼배를 올리자. 그리고 땀을 흠뻑 흘리자. 보련산 연꽃잎을 한 잎 한 잎 오를 때마다 부처님께 비는 거야. 거룩한 부처님이시여, 제발 제 옆구리에서 기어 나오는 버마재비를 처단해 주십시오. 기어 나와서 저에게 가차 없이 채찍을 휘두르는 저 버마재비를 처단해 주십시오. 그리고 나는 그냥 커다란 소가 되어 살아가게 버려두십시오. 소처럼 아무 생각 없이 밥이나 잘 먹고 똥이나 잘 싸고 잠이나 잘 자는 소나 되게 해 주십시오. 되새김질도 모르는 그런 바보 같은 소가 되게 해 주십시오. 거룩하신 부처님 버마재비의 쓸데없는 소리를 들을 줄 모르는 소가 되게 해 주십시오.

보탑사에는 비구니스님들이 꽃을 가꾸었다. 꽃의 아름다움 속에는 어떤 심술맞은 버마재비도 살 수 없어 나는 나대로 내 생각대로 그냥 지나칠 수 있었다. 대웅전에 들어 부처님께 삼배를 올리려 했는데, 무슨 법회가 한창이라 망설이다 말았다. 바로 보탑사를 에워싸고 있는 연꽃송이의 한 잎이 되는 봉우리에 올랐다.

남쪽 등마루를 타기 시작했다. 미리 떨어진 낙엽들 때문에 길은 양탄자를 깐 듯 부드럽다. 누군가 오솔길로 기어드는 잡목들의 가지를 잡아서 걸림도 없는 산행을 할 수 있었다. 짠들짠들한 마지막 가을볕이 등산복 속까지 파고든다. 장딴지에 힘이 들어간다. 허벅지에 근육이 생기는 기분이다. 푸른 하늘에 떠 있는 구름처럼 나도 따라 뜨는 기분이다. 기분 좋다. 그래 맞아 건강하게 이렇게 사는 거야. 우리 내외의 건강이나 돌보며, 내 자식들 행복하게 사는 것이나 보면서 행복하게 사는 거야.

길가 너럭바위가 있다. 내가 앉고도 두세 명은 더 앉을 수 있을 것 같았다. 여유 있다. 아무도 없으니까. 따라오는 이도 따라오라고 하는 이도 없다. 배낭을 펴고 앉았다. 아내가 챙겨준 과일 봉지를 폈다. 익어터진 포도에서 가을 햇살 향기가 난다. 포도 한 알을 입에 넣으니 상행하는 온 세상이 다 달고 향기롭다. 혀에 감도는 물질이라는 맛에 취했다. 지그시 눈을 감았다. 그런데 이렇게 행복한 순간에 왜 이런 시가 떠오르는가?

황혼 속에 고함치는 원색의 지붕들과
잠자리처럼 파들거리는 TV 안테나들
흥미 있는 주간지를 보며
고개를 끄덕여다오.
농약으로 질식한 풀벌레의 울음 같은
심야 방송이 잠든 뒤의 전파 소리 같은
듣기 힘든 소리에 귀 기울이지 말아다오.
확성기마다 울려 나오는 힘찬 노래와
고속도로를 달려가는 자동차 소리는 얼마나 경쾌하냐.
예부터 인생은 여행에 비유되었으니
맥주나 콜라를 마시며
즐거운 여행을 해다오.

김광규의 「상행」에서

 김광규 시인은 1980년대 이미 변화하는 세상을 걱정했다는데 나는 아직도 나를 맞아 싸운다. 아냐, 난 그냥 포도 먹는 나만 생각하면 된다. 포도 향에 취한 나만 생각하면 된다. 앉은 채로 발버둥친다. 다시 포도송이를 집는 순간 놀라지 않을 수 없었다. 날갯죽지를 황금빛으로 물들이기를 한 버마재비 한 마리가 나를 노려보고 있었다. 이놈이 아직은 연두색인 배때기를 내게 내밀며 곤두서기를 하고 있었다. 도끼 모양의 두 발을 들어 알통을 자랑하려는 듯 바둥바둥 용을 쓰고 있었다. 저리 가라 이놈아. 손가락으로 탁 튕겨버리려는데 세모대가리를 좌우로 돌리며 튀어나온 눈을 한껏 부라린다. 나는 이러지도 저러지도 못하고 엉거주춤하고 앉아서 용쓰는 버마재비만 바라보고 있었다.

– 느림보님, 그렇게 혐오하는 눈으로 날 보지 마세요.

– 너는 왜 내가 행복한 순간에만 찾아오냐?

– 부처님을 본체만체하면서 무슨 불자란 말인가요?

– 마음으로 삼배를 했느니라.

– 아, 마음이라고요. 마음이 있으면 지금 이 순간에 한가하게 산행이나 하고 있나요? 뭐라, 소가 되게 해 달라고요. 바보 같은 소나 되게 해달라고요. 그게 바로 불자의 발원이란 말이요? 세상이야 어찌 돌아가건 나만 한가하고 행복하면 된다고요?

– 그래 이 오줌싸개 세모대가리야. 나 좀 내버려둬라. 향긋한 포도 향에 취한 나를 그냥 둬라. 나는 달콤한 행복에 젖어 그냥 살련다. 비틀비틀 말라가는 세상, 농약에 취해 멍들어가는 볏논에 메뚜기를 잊어버리고 살아가면 안 되냐.

– 그러슈. 그럼 왜 역사와 시대에 고민이 없는 사람이 무슨 문인이냐고 그럴듯한 소리를 나불거렸나요.

– 버마재비님 제발, 제발 나 좀 그냥 둬요. 라디오 소리도 뉴스도 다 무서워요. 여기 보련산 연꽃 속에 묻혀 땅강아지처럼

살게 버려 주세요. 제발 버마재비 어르신.

    나는 무릎 꿇고 비는 마음으로 내 옆구리에서 기어 나온 버마재비에게 눈물로 빌고 또 빌었다. 그냥 살게 해다오. 그냥 살게 해다오.

(2012. 9.)

일절만 하시지요

- 느림보 아저씨, 왜 어깨가 축 처져 있어요? 무슨 안 좋은 일이라도 있으세요?
- 에잇 이 버마재비 놈아, 오늘은 또 무슨 시빗거리가 있느냐? 넌 만날 만나기만 하면 시비더라.
- 그것 보세요. 느림보 아저씨, 제발 일절만 하시지요.
- 이놈아, 일절만 하라니 그게 무슨 말이냐?
- 아저씨, 그냥 무슨 시비냐고 물어보면 될 것을, 만나기만 하면 시비냐고 덧붙이냐 그 말씀이지요. 제가 언제 만날 시비였나요? 그러니 이절까지 간 게 아니냐는 말씀이지요.
- 아니 '만날 만나기만 하면'이란 말이 뭐가 그리 안 좋은 말이냐?
- 이것 보세요. 무슨 시빗거리가 있느냐? 여기까지는 일절, 넌 만날 만나기만 하면 시비라고 한 건 저에 대한 인신공격이잖아요? 그건 이절이라고 하는 거에요.
- 그럼 네가 만나기만 하면 내 흠집을 건드리지 않았단 말이

냐? 지금도 그러고 있잖아.

　- 느림보 아저씨, 그건 충고예요. 충언이라고 하는 거지 흠집을 건드려 마음에 상처를 준 건 아니란 말입니다. 느림보 아저씨는 늘 흠결을 먼저 말하고 나서 인신공격을 했잖아요. 그게 절대로 해서는 안 되는 이절이란 말이지요. 듣는 사람 마음에 상처를 주는…….

　- 난 무슨 말인지 모르겠다. 네가 지금 아저씨라고 부르는 건 인신공격이 아니냐?

　- 그럼 느림보 선생님, 숙제 안 해온 아이들을 꾸중할 때 이러잖아요. 무슨 일로 숙제를 못 했지? 무슨 사정이 있었어? 요렇게 숙제 못 한 걸 걱정만 하면 될 것을, 그러니까 만날 꼴찌나 하지. 하면서 징벌까지 한단 말이지요. 꼴찌라는 건 그 아이에겐 크나큰 상처인데 거기에 소금까지 뿌려 준 게 아닙니까? 얼마나 쓰리겠어요. 마음에 흉터도 남고요.

　- 버마재비야, 아무리 세모대가리라도 생각을 좀 해 봐라. 그럼 그렇게 공부 안 하는 놈이 꼴찌를 벗어나겠냐? 한 번 야단치려면 단단하게 혼을 내줘야지.

　- 교단 밥을 사십 년이나 먹은 느림보 선생님, 왜 이러십니까? 느림보님은 그 아이가 앞으로는 숙제를 꼭 하도록 가르치는 것이 목적입니까, 아니면 숙제 안 한 사실에 징벌을 가하고자 하는 겁니까? 장자도 상벌은 교육의 마지막 방법이라 했잖

아요. 말로만 사랑으로 감화시켜야 한다면서 사십 년을 살아오셨나요? 감추고 싶은, 정말로 드러내고 싶지 않은 것을 사실대로 말하는 게 상대에겐 상처가 된다는 걸 왜 모르시나요. 그것이 바로 인신공격이고 인신공격은 상처만 줄 뿐 감화는 주지 못한다는 걸 모르시는군요.

― 사랑과 감화? 웃기는 말이다. 종아리가 따끔따끔해야 가르침을 제대로 받는 거야 이 버마재비 오줌싸개 사마귀야.

― 느림보 선생님, 그럼 차라리 회초리로 종아리라도 치시지 그러세요. 회초리로 남은 상처는 나으면 그만이지만, 말의 회초리에 맞은 상처는 마음에 남아 절대 지워지지 않는다는 걸 모르시나요?

― 에이, 이 오줌싸개야, 난 이제 선생이 아니야. 그런 소리 하지 마라.

― 그래서 내가 느림보 아저씨라고 부르잖아요. 느림보 아저씨, 오늘 아침은 왜 닭똥 씹은 얼굴로 나오셨나요?

― 그럴 일이 있다. 이놈아.

― 뭐 부인한테 싫은 소리라도 들었나요? 부인께서 이절까지 가던가요?

― 버마재비야, 네 말을 듣고 보니 그게 이절인가 보다.

― 무슨 말씀이세요? 인신공격이라도 당하셨어요?

― 아니 그냥 된장찌개가 좀 짜니 다음부터는 조금 싱거웠으

면 좋겠다고 하면 될 걸 왜 뒤에다 이렇게 짜게 먹다가 병들어 죽으라는 말이냐고 했는지 몰라.

- 그래요 그게 바로 이절까지 간 거예요. 일절만 하시라니까요.

- 버마재비야 네 말이 정녕 옳다. 정치인들이 항상 '친일왜구 보수골통' '종북좌파 내로남불'이라면서 상대를 비난하는 말은 나라에 대한 걱정이 아니라 근거 없는 정쟁의 말이란 뜻이로구나. 정말 문제를 해결하고자 하는 뜻이 없는 머리 나쁜 정치인들이네.

- 느림보 아저씨, 정작 머리 나쁜 건 아저씨네요. '머리 나쁘다'는 말보다 '항상'이란 말이 더 치명적이란 걸 모르시나요?

- 그건 또 무슨 말이냐?

- '항상'이란 말은 현재의 실수만이 아니라 과거나 미래까지 들먹이는 거잖아요.

- 버마재비야, 넌 그 조그만 세모대가리에서 어쩜 그런 지혜가 나오느냐?

- 아저씨 내게 버마재비라고만 불러주세요. 오줌싸개, 사마귀 이런 말을 싫어하는 거 모르세요? 그건 제 생애의 치부를 두고 붙인 이름이잖아요. 또 세모대가리라고 하지 마세요. 그건 못난 내 얼굴을 두고 붙인 이름이잖아요. 그렇게 부를 때마다 상처가 된단 말입니다. 대가리가 세모이든 네모이든 지혜

는 세모나 네모가 아니니까요.

- 그럼 너는 범의 아재비만 되고 싶은 게로구나.

- 그럼 아저씨는 키다리 아저씨, 뻐드렁니, 팔자걸음, 고집쟁이, 소갈머리 없는 사람, 뭐 이런 말을 들으면 좋겠어요? 그건 인신공격이에요.

- 뗵! 이 오줌싸개, 사마귀, 세모대가리야.

- 오줌싸개, 사마귀, 세모대가리, 그게 바로 인신공격이에요. 아저씨도 이절까지 가면 기분 젬병이잖아요. 그러니 일절만 하시지요?

- 그래, 일절만 하자. 이절까지 가지 말자. 충고만 하자. 절대로 평가해서 비난하지 말자. 비난은 상처를 남기는 것이다. 버마재비야, 고맙다. 너는 나의 영원한 동반자이다. 아니 삶의 지혜를 일깨워 주는 도반이다. 한나라 유방에게 장자방이 있었다면 느림보에겐 버마재비가 있다. 나의 장자방이여! 꿈꾸는 버마재비여! 영원한 나의 동반자여!

(2014. 5.)

계란 한 판

 오늘은 기어이 가닥을 잡아내고야 말겠다. 『무심수필』 4호 특집 '연초제조창과 안덕벌 예술의 거리' 주제 수필이 얼개가 되어간다.

 저녁 여덟시가 다 되어서 산책을 나간다. 두 시간 남짓 걸으면서 조용히 혼자 생각할 시간을 확보한다. 훼방꾼만 없으면 열시 조금 넘어 들어와서 자판에 쏟아붓기만 하면 되리라. 검은 마스크로 단단히 얼굴을 가리고, 챙 넓은 모자를 눌러 쓰고, 반장갑 낀 손에 핸드폰 하나만 들면 된다. 다른 날보다 발목까지 올라오는 신발로 중무장했다. 깊은 생각에 잠기려면 발목 안전이 우선이다.

 신호를 기다려 충청대로를 건넜다. 아들네가 사는 대원1차 아파트 뒷길을 돌아간다. 손자들은 지금 무얼 할까 궁금해하지 말자. 청주시 문화산업진흥재단 로비 문화다방 앞에서 체온을 재는 여성을 생각해야 한다. 그분에게 커피 한잔을 건넸을 때 과분하게 감사해하던 표정이 떠오른다. 문득 연초공장 다니던 사촌누나의 웃는 얼굴이 겹친다. 정말 '문득'이다. 아, 이것이 실마리다. 훼방꾼이 아니라 실마리를 잡았어. 문화다방은 오전 9시 전에 가면 3,000원짜리 커피를 500원이나 에누리해 준다. 율곡 선생 한 장을 내밀면 두 잔을 준다. 한잔을 연초공장 누나가 아닌 문화누나에게 내민 것이다. 되로 드린 복이 말이 되어 돌아온다.

'문화누나'를 실마리 삼아 끄트머리를 잡고 무사히 천주교 최양업관 앞을 지난다. 노신부님들은 독서를 하시는지 고요하다. 성모님 앞에 밝힌 불이 자애롭다. 나는 성모님을 바라보며 글의 얼개를 마무리해간다.

그때 '탁 탁 타 타 타' 목탁소리가 울린다. 깨우침의 소리가 정신을 혼미하게 한다. 이놈의 스마트 폰, 폰을 열었다.

'들어오실 때 계란 한 판 사오세요.'

지상 명령이다. 간장이 아니고 계란이라 다행이다. '계란 한 판' 잊어버릴라. 잊어버리고 그냥 기어들어 갔을 때 그새 망령이냐며 한심해하는 표정을 감당할 수 없다. 잊지 말아야지. 그런데 그 시간까지 마트가 영업을 할까. 운동을 그만두고 그냥 들어갈까. 어느덧 나의 지상과제는 계란 한 판이 되었다. 잊으면 안 된다. 계속 계란 한 판을 되뇌며 한 시간 반을 걷는다. 계란 한 판, 문화누나, 문화누나, 계란 한판, 사촌누나, 연초공장 누나, 계란한 판, 계란 한 판, 계란 한 판, 계란 한 판, 한 판 계란, 기승전 계란 한 판. 내 머릿속에는 어느새 문화다방 앞에 체온 재던 문화누나도 사촌누나도 연초공장 누나도 다 도망가고 계란 한 판이 흩어져 이리저리 어지럽게 구르고 있었다.

 갑자기 〈미녀들의 수다〉라는 TV 프로그램에서 자기 나이 서른 살을 '계란 한 판'으로 소개하던 핀란드에서 온 약간 뚱뚱했던 미녀가 생각났다. 아마 이름이 '따루'였을 것이다. 유난히 우리말을 잘하고 언변이 뛰어났던 그녀의 인상이 아직도 강렬하게 남아 계란 한 판을 휩쓸어버리고 머릿속을 차지했다. 그래도 찾아야지, 핀란드 미녀를 잊어버리고 연초제조창 누나들을 찾아야지.

 '계란 한 판, 핀란드 미녀 따루, 문화누나, 연초제조창 누나들, 계란 한 판.'

 두 시간 동안 문화누나 앞을 계란 한 판이 가로막았다. 할인마트에 불이 환하다. 다행이다. 계란 한 판을 샀다. 헉, 계란 한 판이 만 원에 가깝다. 그래도 무사히 샀다. 열시가 넘었는데 웬 계란인가. 카드를 긁는 누나가 빤히 올려다본다.

 계란 한 판 삶아 놓고 코에서 달기똥 냄새가 날 때까지 소주를 마시던 스물네 살 때 의풍학교가 생각났다. 어린 나이이지만 시골 학교 선생이라 마을 이장, 새마을 지도자, 예비군 소대장 같은 1970년대 유지들과 밤새워 술을 마셨다. 당시 학교 앞

구멍가게에는 마땅한 안주거리가 없었다. 삶은 계란에 소금을 찍어 안주 삼아 소주를 마셨다. 소주에 만취하여 꽐라가 되면 스물네 살이 서른다섯이 되고 서른다섯이 스물네 살이 되었다. 이튿날 술에서 완전히 깨어나도 달기똥 냄새가 남아 코끝에서 맴돌았다.

탁 탁 타르르 타 타 타.

'계란은 사셨나요.'

집이다. 어, 그런데 핀란드 계란 한 판 따루가 없어졌다. 문화누나도 찾을 길이 없다. 사촌누나도 없다. 연초공장 누나들은 다 없어졌다. 덩그러니 계란 한 판만 남았다.

실마리를 놓쳤다. 계란 한 판이 뼈아프게 원망스럽다. 이것은 그냥 운명이다. 아니 업보다. 원망하고 원망하다 전생의 업보이니 갚아야 한다고 했지 않은가. 맞아, 누구의 심부름이든 내겐 다 업보이다. 업보가 오늘은 계란 한 판으로 내게 온 것이다. 실마리는 놓쳤지만 업보 한 건 해결했다. 다 갚고 가야 내세가 편하지 않겠는가.

컴퓨터 앞에 앉으니 문화누나 대신 계란 한 판이 자판 위에 쏟아져 내린다.

(2021. 6.)

나으리의 사려, 꼰대의 생각

"사려 깊지 못했습니다."

대답은 약속한 듯 똑같다. 장관 후보자들이 자신의 삶을 주의 깊게 살피지 못했다는 말이다. 외교관이었던 한 분은 주재국에서 사들인 도자기를 관세 없이 들여와 판매까지 했다고 한다. 한 분은 공무원 특혜로 분양받은 아파트를 살아 보지도 않고 팔아 떼돈을 벌었다. 다른 한 분은 공무로 해외 세미나에 참석하면서 남편과 자녀들을 대동하고 관광까지 했다고 한다. 사려 깊지 못한 나으리들의 행위를 꼽아볼수록 약 오르고 누려온 특혜에 분노한다.

이분들이 사려가 깊었더라면 언론은 재미가 없었을 테고, 야당도 지금만큼 기세등등할 수는 없었을 것이다. 그러나 국민은 분노하지 않아도 되고 정부가 말하는 '공정'이란 말도 헛갈리지 않았을 것이다. 대통령이 국회가 흠결만 잡는다며 화낼 일도 없었을 것이다. 대통령이 화를 내는 바람에 국민은 더 분노한다. 화가 난 대통령은 국민을 약 올리듯 사려 깊지 못했다는 분들을 대부분 장관으로 임명해버렸다. 사려 깊지 못한 행정을 해도 국민은 분노를 가슴에 묻어둘 수밖에 없다.

모두 가슴이 활화산처럼 부글부글 끓었다. 분노 공화국이 되어버렸다. 의회는 정부를 향해 분노하고 국민은 의회를 향해 분노한다. 균등, 공정, 정의란 단어의 의미가 왜곡되고 굴절되었다. 그래서 분노한다. 큰일에도 분노하고 작은 일에도 분노한다. 어른은 젊은이에게 '감히'라며 분노하고 젊은이는 어른에게 '꼰대'라며 분노한다. 온 나라가 갈기갈기 찢어져 서로에게 이를 간다. 젊은이들은 희망도 꿈도 꿀 수 없어 더 분노한다. 분노한 가슴은 눈에 불을 켠다. 그래서 젊은이들에게 어른도 없고 선생도 없고 부모도 없다.

나는 활화산처럼 끓어오르는 그들의 분노가 무서워 분노한다. 분노 바이러스는 코로나바이러스와 어깨를 겯고 끝 간 데 없이 창궐한다. 어느새 내게도 감염되었다. 나는 사소한 일에 분노하고 별것 아닌 일에 욱한다. 일곱 살짜리 손녀가 대답하지 않는다고 화내고, 아홉 살짜리 손자가 밥을 남긴다고 숟가락을 던진다. 아내가 생선을 손자만 준다고 분노하고 좋아하는 사과를 사다 놓지 않는다고 분노한다. 예술인에 대한 지원이 부족하다든지, 동네에 도서관이나 문화센터를 지어주지 않는다든지 하는 일에는 관심조차 없다. 나는 고희라는 나이에 전혀 어울리지 않은 사소한 일에 분노하여 씩씩거린다. 꼰대의 분노가 가소롭다.

 아파트 정문에 막 들어서려는데 탑차 한 대가 코너를 가로막았다. 편의점에 물건을 내리고 있다. '코너에 차를 세우다니' 갑자기 화가 불끈 솟았다. '뭐야 이거 왜 남의 아파트 정문을 가로막아! 우리를 우습게 보는 거 아냐.' 편의점에서 젊은 이가 나온다. 싸가지 없이 어디다 차를 세워. 나는 갑자기 클랙슨을 '빵-' 하고 눌렀다. 아차, 괜히 눌렀다. 배송 청년이 도끼눈을 뜨고 쳐다본다. 겸연쩍은 웃음을 씩 보내고 고개를 까딱해야 하는데 전혀 아니다. 무섭다. 눈에 불을 켠다. 불이 활활 타오른다. 내게 분노의 풍선을 터트리려나. 나를 꼰대로 보는 거 아냐? 당신은 '균등했냐. 공정했냐. 정의로웠냐.'고 소리지르는 것 같다. 그러나 후회는 이미 늦었다. 청년이 이쪽으로 온다.
 "아이찌, 왜 빵 해요?"
 물러설 수 없다. 우리 손자가 지켜보고 있다.
 "이 사람아, 코너에다가 차를 세우고 물건을 내리면 어떡해. 저쪽에서 해도 되는데."
 "그렇다고 빵 해요? 물건 떼는 거 안 보여요?"
 어, 그런데 갑자기 할 말이 없다. 왜 할 말이 없지? 내가 잘못한 건 하나도 없는데 왜 법규를 어긴 사람 앞에서 대답을 못

하는 거야. 청년은 제 차로 가다가 뭔 생각인지 되돌아온다. 살쾡이 눈이다. 차 안을 들여다본다.

"아이찌, 애기도 있는데 그렇게 살지 말아요. 좋은 아파트에 살면서."

내던지고 돌아선다. 휴-, 가긴 가는구나. 청년을 화나게 한 건 "빵-"이 아니라 '좋은 아파트'였다. 이런 아파트도 그에겐 불공정으로 보일 만큼 좋은 아파트인가 보다.

지하주차장으로 들어서는데 손자의 한 마디가 청년의 도끼 눈보다 더 무섭다.

"할아버지, 할아버지 생각이 짧았어요. 어른들은 생각이 아예 없었으면서 짧았다고 하더니 이번에는 정말 생각이 짧았어요."

정말 뭔지 몰라도 생각이 짧았다. 나는 생각이 짧은 나를 성찰하며 사려 깊은 한 마디를 더 했다.

"규연아, 할머니한테는 말하지 마."

"알았어요. 저도 그 정도는 생각해요."

나는 사려 깊은 2학년짜리 손자 앞에서 생각이 짧은 할아비가 되었다. 정말 오늘은 바보 같은 꼰대가 되어버렸다. 나으리도 아니면서 꼰대처럼 배려를 잊고 생각이 짧았다.

명심하자. 요즘 젊은이들은 분노하고 있다. 분노가 가슴에 가득하다. 그의 눈을 보면 금방이라도 분노가 터져 나올 것만 같다. 아홉 살짜리 손자도 할아버지의 바보 같은 분노에 어처구니없어한다. 그래서 어른을 어른이라 하지 않고 '꼰대'라고 한다.

   나는 나으리들의 사려 깊지 못한 것을 꾸짖을 수 없다. 나도 생각 짧은 꼰대일 뿐이니까.

(2021. 5.)

개와 늑대

 그날은 달이 밝았다. 그러나 무섭지 않았다. 달이 밝은 밤이면 모충동에서 개신동으로 넘어가는 배고개 공동묘지 앞을 지나기가 가볍지 않았다. 묘지 앞 커다란 방죽에 밝은 달빛이 여인의 하얀 치맛자락이 되어 넘실거린다. 때로는 삼베 도포가 일렁거려서 고개를 돌렸다. 그런데 그날은 무섭지 않았다.

 몇 집 남은 고갯마루 마을을 지나자 커다란 개 한 마리가 나를 따랐다. 야간 수업이 끝나면 밤 11시 50분, 자정이 넘었을 텐데 이 밤에 웬 개가 따라오나. 송아지만 하다. 누런 등줄기에 거뭇거뭇 긴 털이 돋아 얼쑹덜쑹하다. 그 위에 내리는 달빛이 신비롭다. 눈빛이 형형하다. 한 시간은 족히 걸리는 시오리길, 이미 집에 도착해 공부를 시작했을 시내 사는 친구들을 생각하며 발걸음을 재게 놀려야 했다. 개는 계속 나를 따라온다. 공동묘지 앞 방죽 옆길을 지났다. 이름조차 을씨년스러운 송장고개를 넘어오는 오솔길에도 달이 훤하다. 벼를 베어낸 논두렁에 서리가 하얗다. 집은 한 채도 없다. 충북대학교로 들어

가는 신작로에서 지금 대학병원 장례식장이 있는 쪽으로 90도 좌회전해야 한다.

　방죽말로 넘어가는 고갯길이다. 산이 컴컴하다. 오르막길에서도 개는 계속 나를 따른다. 나는 앞서고 개는 뒤를 따른다. 고갯마루가 가까워지자 뒤에 오던 개가 앞질러 서서 나를 한 번 바라본다. 그래도 나를 지켜주려고 그러려니 했다. 왼쪽은 산이다. 리기다소나무가 빼곡하다. 키 큰 소나무들 사이로 달빛이 하얗게 내린다. 그래도 이렇게 큰 개가 나를 지켜주니 하얀 치맛자락도 도포자락도 나타나지 않았다. 이놈이 나를 한 바퀴 돌더니 길가에 서서 또 나를 바라본다.

　고개를 넘어서면 왼쪽은 참나무 숲이고 오른쪽은 논밭을 지나 남향으로 마을이 앉았다. 방죽을 끼고 있어 방죽말이다. 마을은 길에서 멀긴 하지만 지호지간指呼之間이다. 왼쪽으로 길갓집이 두 채 있었다. 얼마 전 새로 지어 이사한 집에서 불빛이 새어나온다. 어, 그런데 개가 어디로 갔는지 없어졌다. 내리막길에서 한두 번 앞으로 와서 다시 나를 한 바퀴 돌아 뒤로 돌아갔던 개가 따라오겠지 했는데 없어졌다. 사실 나도 개를 믿기는 했지만 뒤를 돌아보기에는 부담이 되었다. 마을이니 나를 지켜줄 필요가 없다고 생각했을까. 아니면 이 마을 제집으로 돌아갔을까.

　발걸음을 재촉하여 집에 왔다. 얼마 전 새로 입은 동복 겨드랑이가 땀에 흠씬 젖었다. 엄마가 웬 땀을 이렇게 흘렸냐고 걱정했다. 나는 그냥 대수롭지 않게 생각하고 새로 한 시에 전날 저녁을 먹었다.

며칠 후 서울 계신 아버지가 내려오셔서 작은아버지가 건너오셨다. 두 분이 말씀 나누는 중에 내가 개 이야기를 했다. 삼촌은 그냥 빙그레 웃었다. 아버지는 깜짝 놀라셨다.

"개는 해만 넘어가면 대문 밖으로 나가지 않는다. 늑대는 달밤에도 나와 돌아다니지만 개는 겁이 많아 어두워지면 못 나온다."

작은아버지는 개였을 수도 있다고 희미하게 말씀하셨다. 그럼 뭔가. 개가 아니면 뭐지. 늑대인가. 늑대란 말인가. 등골이 오싹해진다. 그래도 대입 예비고사를 보는 날까지 달포를 밤중에 그 길을 걸었다.

그놈이 늑대였다면 나를 빙빙 돌아보면서 왜 공격하지 않았을까. 너무 태연해서 오히려 그놈이 두려워한 것일까. 그랬을 것 같다. 늑대인 줄도 모르는 나를 차마 공격할 수 없었을 것이다. 늑대도 제 놈을 늑대인 줄 모르는 사람은 공격하지 않는 게 본성인가 보다.

유숙 선생이 산책 나왔으니 마로니에 시공원에서 만나자고 전화를 했다. 아끼고 믿는 후배이다. 가까이 사는데도 너무 바쁜 그녀를 한번 만나고 싶었다. 그런데 개를 데리고 나왔다.

몸뚱이는 뚱뚱하고 부담스럽게 생겼는데 다리는 짧다. 눈알을 흰자가 나오도록 굴리며 내 눈치를 보는 것부터 맘에 들지 않았다. 내가 개를 싫어한다는 건 개들이 먼저 안다. 유숙 선생이 '한번 쓰다듬어 줘 보세요.' 하는데도 손이 가지 않았다. 이놈은 내 옆에 와서 꼬리 흔드는 짓도 하지 않는다. 다행인데도 섭섭했다.

어린 시절 집에서 믿고 기르던 잡종 진돗개 '케리'가 할머니 손등을 창이 나도록 물었을 때부터 나는 개를 경멸했다. 개의 조상은 늑대이고 언젠가는 늑대의 본성을 드러낼 것이라고 믿었다. 최근에 생태주의를 수용하는 것이 21세기 수필이 나아갈 길이라고 역설하면서도 개를 좋아할 수 없다. 비판해도 할 수 없다.

유숙 선생이 '이 녀석이 내게 얼마나 위로가 되는지 몰라요.' 하면서 개에게 '큰아빠한테 가봐.' 하고 개를 내게 밀었지만 개는 외면했다. 한번 쓰다듬어 보면 점점 좋아질 거라고 한다. 나도 그럴 것이라고 믿는다. 그러나 제 주인을 물어 손등에 창을 내는 본성이 보여서 쓰다듬어 주기 싫었다. 바로 남편이 왔다. 젊었을 때 너무 미남이라 짜증 났었는데 머리가 희끗희끗하다. '아빠한테 가봐.' 개가 정말로 제 아빠인 줄 알고 뛰어가 다리를 감고 올라간다. 개들은 원래 아빠를 잘 모르는데 이 녀석은 아빠를 잘도 알아본다. 생물학적 근거도 잘 모르면서 아직도 개의 조상은 늑대라는 생각에 변함이 없다. 개에 내재한 늑대의 본성이 언젠가 반려아빠 반려엄마에게 희고 긴 이빨을 들이댈 것이라는 의심을 버릴 수 없다.

　유숙 선생의 말에 의하면 개는 인간보다는 순수하다고 한다. 그럴 수 있을 것이다. 개를 반려로 삼아 위안을 받는 이들은 개에게서 인간보다 순수함을 봤을지도 모른다. 제 놈을 몰라보는 나를 공격하지 않던 늑대의 본성이 개에게도 남아 있는 건 아닐까.

　정가는 요즘 서로를 할퀴고 물어뜯느라 여념이 없다. 피를 좋아하는 정치꾼들은 상대가 작은 상처라도 보이면 바로 빨대를 꽂는다. 과연 인간은 개보다 나은 동물인가. 인간은 자신을 늑대인 줄도 모르는 사람은 공격하지도 않는 늑대만 한 배려는 있는가. 나에게도 피의 향기를 흠모하는 질시嫉視의 본성이 숨어 있지는 않은지 돌아본다. 아니 착한 사람에게 오히려 더 긴 이빨로 처참하게 물어뜯지는 않았는가. 나도 개를 경멸하는 내가 무섭다. 인간이 늑대보다 더 무섭다. 갑자기 달밤에 만났던 늑대가 고맙다. 유숙 선생처럼 자꾸 쓰다듬어 주면 개나 늑대가 오히려 반려가 될 수 있을 것 같다.

(2021. 9.)

버립니다

『고독孤獨의 반추反芻』.

이 책은 수필가 윤오영이 1974년에 낸 첫 수필집이다. 오지 학교에 근무하던 나는 백 리나 되는 군청소재지 서점까지 나가서 이 책을 구입했다. 그리고는 호롱불 아래서 이 책을 읽고 윤오영 수필에 취했다. 이듬해에 그 서점에 갔더니 『수필문학입문』이란 윤오영의 저서가 나와서 바로 구입했다. 수필 창작에 대한 전문 서적이 별로 없었던 당시에 두 권의 책이 내게는 문학의 길을 밝히는 등불이 되었다.

어느 문학단체에서 '고전에게 길을 묻다'라는 수필 문학 활성화의 심포지엄을 기획했다. 나는 이 기획에 발제자로 선정되었다. 평소에 우리만의 수필을 주장했던 나는 윤오영의 『고독의 반추』를 통해 우리 전통 수필의 맥을 찾아 공론화할 기회로 가늠하고 있었다. 그런데 서재를 샅샅이 뒤져도 『고독의 반추』도 『수필문학입문』도 보이지 않았다. 그제야 '아차'했다. 10년 전 집을 줄여 이사하면서 좁아진 서재를 생각해서 책을 마구 버렸던 일이 생각났다. 그때 세로쓰기한 소설, 국어국문학 전문 서적도 버렸다.『국어국문학』,『문장』,『사상계』영인본은 그렇다 치고, 생각 없이『고독의 반추』나『수필문학입문』이 딸려 나간 것은 가슴을 칠 노릇이다.

  비우는 것이 채우는 길이라고 하지만 채우기 위해 버리는 것과 생각도 없이 버리는 것은 다르다. 내 앞에 있는 어떤 존재자는 찾아보면 많은 의미를 담고 있다. 의미를 발견했을 때 '하나의 몸짓'이었을 뿐인 그는 '나에게로 와서 꽃이' 되게 마련이다. 의미 없는 몸짓이든 꽃이든 그는 과거를 담고 내게 용기를 내어 온 것이고 그것이 현재이고 미래의 가능성을 담고 있는 것이다. 10년 전에 버린 윤오영 선생의 수필집『고독의 반추』는 오늘의 가능성을 담고 50년 전에 내게 왔던 것이다.

  오늘 아침 신문 기사를 보니 어느 국회의원 당선자가 대통령이 보낸 축하 난분에 '버립니다'라는 딱지를 붙여 사진을 찍어 자신의 사회적관계망서비스(SNS) 계정에 올렸다고 한다. 그 화분은 자연인 아무개가 보낸 것이 아니라 대통령이 보낸 것이라고 생각하면 그는 자신을 뽑아준 국민을 버린 것이나 다름없다. 축하 난 화분에는 난석 알알에 꽃의 과거와 암향부동의 미래를 담고 있다. 따라서 당선인 자신의 과거와 현재가 담겨 있고 정치인으로서 암향부동할 미래가 담겨 있는 것이다.

그분이 정말로 버렸든 버리지 않았든 '버립니다'를 공개하는 것에 힘을 준 것으로 봐서 스스로 총명함과 자신만의 정의로움을 자랑한 것으로 보인다.

장자가 지향했던 진인眞人은 마음을 정제하고 좌망坐忘에 이르는 것이라 했다. 이때 '팔다리도 몸뚱이도 다 털어버리고, 총명함으로부터 벗어나서 외부의 형체로부터, 지혜로부터 벗어나야 한다.'라고 했다. 10여 년 전 세로쓰기한 책들을 버리는 것이 지혜롭다고 생각했던 일이 후회스럽고 부끄럽다. 또 '버립니다' 하고 세상에 자랑하며 버린 총명이 우리의 대표라는 것도 부끄럽다.

50년 전 1,000원에 샀던 『고독의 반추』가 중고서점에서 사오십만 원에도 구할 수가 없다. 버려야 할 것은 '내가 가장 총명하고 지혜롭다'는 오만, 바로 그것이었다.

(2024. 6.)

관세음보살님 다 보고 계시는지요

 관세음보살님, 다 보고 계시는지요. 이 시끄러운 세상의 소리를 다 보고 계시는지요. 세상 사람들이 정말 '그렇게까지' 해야 하는 까닭을 다 보아 알고 계시는지요. 얼마나 고고한 마루에 오르려기에 그렇게까지 하면서 살아야 하는지 그 눈물을 다 보아서 아시는지요. 정말로 세음世音을 관觀하셨는지요.

 답답하다. 정말 답답하다. 답답한 내 안을 드러내 보일 수 없어서 답답하다. 그래서 어제 가서 처음 뵙고 온 증평 율리栗里 석조관음보살입상石造觀音菩薩立像을 또 뵈러 갔다. 행여 소리도 낼 수 없는 내 답답한 세음世音을 다 보고 그 두터운 손으로 어루만져 주실 거라는 엷은 소망도 있었다.

 율리 삼기저수지는 안개에 덮였다. 꽝꽝 얼어붙은 수면이 열흘밖에 남지 않은 입춘이 두려운지 '쩌―엉 쩡' 앓는 소리를 했다. 얼음 위에는 엷게 물이 괴어 버드나무 검은 그림자를 거꾸로 받아 안고 있다. 관음보살은 차가운 안개 속에서도 흐트러짐 없이 무겁게 서 있다. 뒤로 배광도 없고 머리에는 화관도 없다. 동향하여 좌구산을 바라보고 묵묵히 서 있다. 법의의 주름은 그대로 남았는데 상호相好는 말이 아니게 상처를 입었다. 이마 아래 움푹 파인 곳은 눈이 있어야 할 자리인데 눈이 아니었다. 코도 없고 입도 없다. 귀만은 일부 살아서 세음을 들으려 하는 것 같았다. 세음을 듣고 관해야 하는데 귀가 보존되어 그나마 다행스러웠다.

 관음보살님, 내게는 왜 '그렇게까지' 해야 하느냐고 비웃어도 좋았던 때가 있었지요. 관음성전인 보살사 법당에 백팔 배를 올리며 하얀 와이셔츠를 다 적시던 때가 말이어요. 왜 그렇게까지 했느냐고 물으신다면 나는 할 말이 없어요. 자식을 위해서 단 한 번도 고개를 숙인 적이 없는데 내가 가르치는 아이들 대입 수능 시험 원서를 제출하는 날은 정말로 그렇게까지 하지 않고는 배겨날 수가 없었어요.

 얼굴 없는 관음보살님, 상호를 잃어버린 증평 율리 관음보살님, 정말 그렇게까지 할 수밖에 없었네요. 화장을 제 마음대로 하고 싶어 학교에서 도망해버린 큰아기를 데리러 날마다 남의 아파트 마당에 차를 세우고 담배 두서너 개비를 연거푸 빨던 그런 날이 있었네요. 그렇게까지 하던 날이 말입니다. 오지 마을에 살면서 아침에도 국수를 삶는 이웃 학부모에게 쌀자루를 통째로 내어줄 수밖에 없던 날이 제게는 있었네요. 그렇게까지 말입니다. 그렇게까지 하면서 내 인생에 무엇을 바랐을까요. 혹 귀한 과녁이라도 노렸을까요.

관음보살님은 다 아시지요? 원효대사는 해골 물을 달게 마시고 가던 길을 되돌려 민중에게 돌아갔다 하대요. 그것이 민중불교운동이라고 하대요. 고고하기만 했던 불교, 귀족들이나 영위했던 호화스러운 불교를 민중에 전하기 위해 원효는 그렇게까지 했다고 하네요. 대중과 함께 술 마시고 흥청거리고 춤추고 거리에 휩쓸려 다니고요. 원효 큰 스승이 그렇게까지 한 까닭은 무엇일까요? 부처님 앞에 인간은 높고 낮은 것이 없는 것, 부처님 앞에 중생은 깊고 얕은 것이 없는 것, 부처님 앞에 만물은 두텁고 엷은 것이 없는 것, 달빛을 받으면 누구나 성불할 수 있는 것, 그것이 진리라는 것, 그것이 속마음이라는 것을 다 알고 계시지요? 민중이 불법을 알고 부처님의 진리를 알아야 무지렁이라는 질곡으로부터 해방될 수 있기 때문이 아니겠어요.

얼어붙은 낙엽이 옅은 바람에 파르르 떤다. 차가운 빙판길에 물이 묻었다. 호수에 잠긴 버드나무 가느다란 가지마다 연두색 물이 들었다. 그런데 안개는 더욱 짙게 호수에서 피어오른다. 관음보살이 여원시무외인如願施無畏印으로 가슴에 얹은 오른손이 더 두텁게 보인다. 아래로 내려뜨린 왼손은 두려움을 없애고 중생의 소망을 알고 어루만질 것만 같다.

관음보살님, '그렇게까지' 해야 되는 까닭을 알고나 계시나요? 이 엷은 가슴에 드러내지 못하는 세음世音을 관觀하고나 계시나요? 이 시끄러운 세상, 사람들이 무엇을 위해 무엇으로 사는지 갈팡질팡하는 세상을 보고나 계신가요? 위에서부터 아래까지 역사의식도 없고 규범도 없이 무너져버린 세상을 아시나요? 아 눈도 파이고 코도 떼이고 입도 무너진 관음보살님이 어떻게 아시겠어요. 아니 보살님은 관세음보살님이시니 보지도 듣지도 냄새 맡지도 못해도 관심觀心은 할 수 있지 않은가요? 내 타는 속도 들여다볼 수 있는 것 아닌가요.

관음보살님, 이 우매한 중생은 기회 있을 때마다 '수필 문학의 대중화'라고 떠벌이고 다녔지 뭡니까? 사실은 아무도 믿지는 않았을 겁니다. 대중이 수필적 정서로 세계를 느끼고 수필적 철학으로 세계를 인식할 그때 보살님은 지금처럼 눈도 코도 입도 없어도 되고 조금 남은 귀마저 떨어져 나간다 하더라도 걱정할 일이 아니겠지요. 그렇게 떠들고 다니면서 내가 수필을 안고 대중으로 갈 줄을 모르고, 대중이 수필의 세계로 올라 올 때만 기다리고 있었지 뭡니까? 이런 우매를 용기 있게 걷어차고 한 발 앞으로 내디딜 줄 모르고 속만 태우고 있으니 이게 뭡니까? 목적만 진솔하면 내 이름을 헝겊에 써서 길가에 내걸든, 수필문학을 바가지에 담아 이고 다닌들 무슨 부끄러움이 있을까마는 '그렇게까지' 해야 할 결단을 내리지 못하고 속만 태우고 있으니 이 치졸한 속내를 알고나 계시는지요. 아니 그냥 내가 있는 곳이 바로 대중이고 내가 바로 대중이라고 생각하면 되는 일 아닌가요?

산골의 지고지순한 소녀가 등잔을 들고 사랑하는 선비를 삼 년이나 기다리다 망부석이 되었다는 등잔길을 다시 걸었다. 그 소녀가 사랑한 선비는 얼마나 아름다운 사상을 가졌기에 고운 마음을 '그렇게까지' 태웠을까 궁금했다. 김득신이 얻었다는 절구 한 편을 읽으며 나도 '그렇게까지' 해야 하는 이유를 곰곰이 생각해본다. 지고지순한 소녀가 바람 앞에 등잔불 들고 기다릴지도 모를 일이다.

> 行行路不盡　가도 가도 길은 다함이 없더니
> 萬水更千峰　만수 천봉이 갈고 바뀌었네.
> 忽覺招提近　문득 가까이 절이 있음을 알려주니
> 林端有暮鍾　숲이 끝나는 너머에 저녁 종소리 울리네.
> 　　　　　「두타로 가는 길에 말에서 절구를 얻다頭陀馬上有得」

그렇게까지 하고 또 하면 내게도 저녁 종소리가 들려오리라. 등잔불 소녀도 만나지리라.

(2015. 1.)

열림이냐 닫힘이냐

★ 닭들의 변명
"우리가 열렸다. 야, 들어가자."

먹을 게 수두룩하단다. 먹거리가 권력이 되고 권력이 먹거리가 되는 법이다. 쉽게 주워 먹기 좋아하는 닭들은 다 모여라. 정체성 같은 건 내던지고 다 모여라. 이념 나부랭이 같은 건 필요 없다. 인문학은 필요 없다. 우리는 동물이니까 먹사니즘이 대세이다. 모가지에 푸르거나 붉거나 타이를 매고 '꼬끼오' 목소리만 크면 된다. 울짱은 훤하게 열려 있으니 뛰어넘을 필요도 없다. 욕할 사람은 아무도 없다. 왜냐고? 우리는 닭이니까. 양심이나 도덕이나 이념 같은 건 없어도 되는 닭이니까. 먹이만 쪼는 파렴치한 닭대가리니까. 우리는 더불어 몰려가기만 하면 민주가 되고, 공정과 상식을 외치기만 해도 힘이 되니까. 사악함으로 빼앗기만 하면 그것이 민생이고, 아무에게나 어리석음의 간과干戈를 들이대도 그것이 공정이고 상식이니까.

아침부터 눈이 내린다. 처음에는 길쌈하는 집 목화송이 날리듯 보일 듯 말듯 폴폴 날리더니, 어느새 온 하늘에 재티가 날리듯 까맣게 날아오른다. 그런 하늘 한가운데서 난데없이 한겨울 버마재비 한 마리가 날아든다. 아, 내 안에 둥지를 튼 성품 까칠한 녀석이 아름다운 눈꽃송이의 향연에 뛰어든 것이다. 따뜻한 내 품에서 20여 년 살아서 시절을 모르는 버마재비란 놈이 난무하는 낙화로 착각한 모양이다. 이키, 저놈이 나를 부른다.

― 여, 수필가 느림보님, 안녕하슈? 무슨 근심이라도 있는 게유? 그 뭐 콩자반인 줄 알고 염생이똥 씹은 얼굴로 하늘을 쳐다보우?

나는 어떻게든 정보를 얻어내려는 저놈의 능청이 보기 싫다.

― 어 사마귀, 오줌싸개야 한겨울에 웬일인가?

― 왜 또 사마귀라 불러요. 오줌싸개는 또 뭐요? 나는 곧 당신의 가슴에 있는 또 하나의 느림보인데 버마재비라고 점잖게 불러주시지 않고요.

― 네 놈이 수시로 꼴을 바꾸니까 그렇지.

― 정체성이 없다 그 말씀이신가? 정말로 정체正體의 세탁은 인간들이나 하는 줄 알았는데 우리 동물들의 세계에도 그런 요상한 것이 있던데요. 인간들에게 배운 건지. 아니면 전생이 인간이었든지.

― 그 얘기나 좀 해 주게.

― 수필가 느림보님, 그건 그렇고 우리네 짐승들의 집을 말하는 '우리'란 말을 인간들은 어떤 의미로 사용하나요?

― 우리? '우리'는 '닫힘'이 아닌가? 우리를 공부하려면 '열림'도 알아야 하는데. '우리'와 '열림'이란 단어는 요상하고 모순적인 관계에 있거든. 자. 그러면 수업 시작.

1. '우리'와 '열림'에 대하여

〈우리〉

『우리말큰사전』(한글학회 간)에서

우리 1: 짐승을 가두어 기르는 곳
우리 2: 갈매나무(우리牛李)
우리 3: → 울타리
우리 4: 기와를 세는 단위. 한 우리는 200장이다.
우리 5: 말하는 사람이 자기편의 여러 사람을 일컫는 말

― 여보게 버마재비. 사람들은 '우리 1, 3, 5'의 의미를 많이 사용하지. 난 말이야 '우리 1'에서 '우리 5'로 의미가 확장되어 '닫힘'이 되었다고 생각해.

― 아 그럼 인간들도 우리네 짐승과 같다는 말인가요?

― 그럼. 결국 부처님 앞에서는 다 같은 중생衆生이니까.

– 그럼 다 같은 중생이라면서 버마재비, 오줌싸개, 사마귀라고 놀려대나요. 당신도 별수 없이 짐승이면서.

– 그래 맞다. 다를 게 없지. 너희가 군집이라는 우리에 닫혀 있듯이 결국 우리도 사회라는 우리에 닫혀 있으니 말이야. 정체성正體性이 정체停滯되어 버린 거지. 버마재비야. 하나 더 공부할까? '울'에 대하여 말이야.

– 또 가르치시네. 평생 선생이나 하시지요. 아무튼 배우는 건 우리 짐승도 좋아하니까?

– 여보게 버마재비, 사람들이 많이 쓰는 '울'도 결국 닫힘이야. '우리'와도 유사한 의미관계도 있고

– 수필가 느림보님, 당신은 왜 자꾸만 '우리 1'과 '우리 5'를 한가지로 보려고 하나요? '울'에 대해 알아보니 다른 사람에 대하여 이편의 힘이 될 겨레붙이가 되려면 아무래도 울타리를 해야 한다는 의미로 들려요.

– 옳지. 버마재비, 오줌싸개. 네 녀석도 이제는 서당개가 다 되었구나.

– 아니 그게 아니고요. 요즘 짐승들의 세계에 우리가 확 열려버렸거든요.

– 우리가 열리다니? 그러면 짐승들이 곧 뛰쳐나가겠네.

– 아니 애초부터 우리 짐승들의 '생각의 우리', '이념의 우리'는 열려 있었어요. 그래서 뛰쳐나갈 기회만 엿보고 있었던 거

지요. 열려 있었기에 정체성도 없고, 배반을 식은 죽 먹듯 하고, 먹이바라기만 하는 파렴치한이지요.

― 아, 너희의 우리는 닫힘과 열림이 함께 존재하는 아이러니 상황이란 말이구나. 이념도 없이 열려 있다고 판단하는 것은 그것이 곧 사유의 닫힘이 아닐까.

― 수필가 느림보님, 그 '열림'에 대해서 좀 가르쳐 주세요.

― 그래? 낱말 공부 시작.

〈열리다〉

『우리말큰사전』(한글학회 간)에서

열리다: ① 문, 뚜껑, 서랍, 자물쇠 따위가 열어지다. ② 모임이 시작되거나 베풀어지다. ③ 어떤 공간이 트이거나 펼쳐지다. ④ 어떤 길이나 바탕이 생기다. ⑤ 어떤 운영 따위가 처음으로 시작되다. ⑥ 일깨워지거나 발달되다.

※ 참고사항

열린 넋: 베르그송 철학에서 기성 사회의 질서를 벗어나서, 전 인류를 포용하는 정신. 곧 열린 사회를 실현하는 창조적 정신을 일컫는 말

열린 도덕: 베르그송 철학에서 전 인류를 포용할 수 있는 사랑과 창조적 성격을 띤 도덕

열린 사회: 베르그송 철학에서 종족이나 민족을 초월하여 전 인류를 포함하는 동적, 창조적 사회

― 아하. 그러니까 인간들의 세계에서 그 베르그송인가 누군가 하는 사람의 정의대로라면, '열림'이란 말은 창조적이고, 수

용적이란 말이군요.

─ 버마재비야 제법이구나. 당연하지. 아이들 말로 당근이지.

─ 수필가 느림보님, 그럼 왜 우리들의 세계에서는 뛰쳐나가야 할까요?

─ 그건 짐승이니까 그렇지. 짐승이 베르그송Henri-Louis Bergson 철학을 아냐? 윤리를 아냐? 짐승들은 먹이바라기만 하면 되잖아. 먹사니즘이란 말도 만들어 쓰고.

─ 수필가 느림보님, 너무 탓하지 마세요. 인간 세상에도 닭대가리들이 얼마나 많은데요. 들어볼까요? ○존파, ○가파, 국개의원, 정치변○사, ○딸, ○빠, ○○법사, ○○보살……

─ 그만 알았다. 내가 잘못했다.

나는 손을 들어 버마재비의 말을 막았다. 버마재비가 보면 나도 한 우리 안에 닫혀 있다는 생각했다. 부끄럽다. 소름끼치게 부끄럽다.

2. 좋은 약은 입에 쓰고 좋은 말은 귀에 거슬린다

─ 수필가 느림보님, 동물의 세계에 닭이 있어요. 느림보님도 닭을 아시나요? 우리에게는 원수 같지요.

─ 얘 버마재비야, 닭이 왜 원수란 말이냐? 우리 사람들은 닭을 아주 좋아한단다. 삼계탕, 닭찜, 백숙, 튀김, 파닭…….

─ 왜 그러서요. 닭들은 우리 버마재비를 좋아해요. 덩치도

커다란 수탉이란 녀석은 멀리서도 나만 보면 '꼬꼬꼬' 흥분하여 날개를 펴고 달려든다니까요. 그러면 병아리새끼들, 암탉까지 우르르 달려들어요. 수탉은 바라보면서 '썩소'를 짓지요.

– 왜 그러냐? 그 무섭게 생긴 도끼 모양 팔뚝을 번쩍 들고 세모대가리를 두리번거리며 퉁방울눈으로 노려보지 그러냐?

– 소용없어요. 수탉이 갈퀴 같은 발을 들어 내 이 가느댕댕한 모가지를 한 번 찍으면 세상 끝인걸요.

– 네 배통이 통통한 것이 먹음직스러우니까 그렇지. 그 배통에 뭐가 들어 있는지 배짱이 보통이 아니잖아. 그리고 짐승들의 세계에서는 제법 의리 있고, 주둥아리가 드세어서 닭들이 듣기 싫어하는 소리를 마구 질러대고 퍼뜨리니까 닭들은 네가 원수 같을 거야.

– 그런데 열려 있다면서 닭들은 왜 좋은 말을 싫어하나요?

– 닭들은 겉으로는 열려 있다고 말하지만 실제로는 닫혀 있거든. 사유의 닫힘이지. 너도 이제 듣기 좋은 말만 해라. 수탉에게는 화려한 깃털이나 신라의 금관 같은 벼슬을 칭찬하고, 암탉에게는 부드럽고 고운 깃털과 울음소리나 칭찬해라. 절대로 몸집에 비해 작은 대가리를 갸웃거리며 대상을 의심하는 모습을 비아냥대지 마라. 역사의식은커녕 생각도 없이 사악한 수탉을 따라 몰려다니면서 한 놈이 울어대면 시도 때도 없이 따라서 울어댄다고 어리석다느니 잡아먹어야 한다느니 그런

말을 하지 마라. 밉보이면 너도 당랑螳螂의 직무를 정지당한다.

– 귀에 거슬리는 말은 입에 쓴 약처럼 몸에 좋은 것 아닌가요? 귀에 거슬리는 말을 하는 것이 당랑의 존재 의미라고 생각해요.

– 버마재비야 인간 세상은 사전의 해석대로, 철학의 설명대로, 그렇게 운행되는 것만은 아니니라. 어리석은 우직은 늘 사악함에 짓밟히지.

– 수필가 느림보님, 당신을 만나면 나는 더 더러운 오줌싸개로 전락할 것 같아요. 그럴듯한 궤변을 늘어놓은 당신의 수필을 읽는 것 같아요. 내 이 작은 세모대가리로는 도대체 이해할 수가 없어요. 에이 젠장맞을.

갑자기 버마재비가 도끼 같은 앞발을 쳐든다. 철없는 당랑이 거철의 자세를 취한 것이다. 두렵다. 내 안에서 키웠지만 오늘은 버마재비가 두렵다. 아프다. 가슴이 아프다. 내 양심이 도끼 다리에 찍히는 것만큼 아프다.

3. 수탉 같은 신랑

– 수필가 느림보님, 닭은 잘 생겼다고 말했지요?

– 그럼 그만하면 버마재비, 오줌싸개, 사마귀보다 잘생긴 것 아니냐?

– 느림보님은 뭘 보고 그렇게 잘 생겼다고 생각하는데요?

─ 그래, 화려한 깃털, 불타는 정열의 표상인 신라금관 같은 계관, 댕글댕글하게 쌍꺼풀진 눈깔, 살살거리는 눈웃음, 하늘로 치솟다 기름이 졸졸 흐르듯 윤기 나는 부드러운 곡선을 그리며 땅으로 내려앉은 꽁지깃…….

─ 수필가 느림보님도 별수 없군요. 외모만 보고 닭들을 평가하다니.

─ 게다가 수탉은 말이다. 제 가솔에 대해서 무한 책임을 진단다. 마누라를 수십 마리씩 거느리고, 일단 제가 거느린 암탉에 딸린 딸들까지 수천수만을 책임을 진단다. 이웃 수탉의 침범을 막으려고 피 튀기며 싸우지 않느냐? 너는 보지도 못했느냐? 네놈같이 살이 통통하게 오른 풀벌레라도 발견하면 '꼬꼬고 꼬꼬' 하고 짖으며 암탉을 부르는 것을……. 마당에서도 제 무리를 한 바퀴 돌면서 크게 홰를 치고 울어 제 영역을 확인하는 것을……. 그건 수탉의 카리스마야. 그래서 남자들은 수탉 같은 신랑이 되겠다고 다짐도 하지.

─ 느림보님, 그건 틀린 말은 아니지요. 그런데 이제 보니 존경하는 느림보님도 꼭 수탉 같은 눈깔을 가지고 있군요.

─ 뭣. 뭣이? 이놈아 난 쌍꺼풀이 아니잖아.

─ 날더러 세모대가리라고 무시하지만 닭은 닭대가리잖아요? 인간들도 편견을 가진 자들에게 닭대가리라고 하잖아요.

─ 닭대가리? 편견?

― 수탉이 아무리 잘 생겼으면 뭘 해요. 금관 같은 계관이라고요? 하나만 알고 둘은 보지 못하는 인간들이란.

― 그 둘이 뭐냐? 하긴 요즘은 가솔을 제 맘대로 가려 뽑아서 거느리면서 가솔을 방패로만 삼는 비열한 놈도 있고, 엉뚱하게 책임을 전가하는 비겁한 놈도 있긴 하지만 말이다.

― 맞아요. 비열한 닭대가리와 비겁한 닭대가리의 싸움도 볼 만하긴 하지요. 그런데 닭대가리들이 하는 짓거리 좀 보세요. 대가리가 작은 것은 문제도 안 돼요. 눈깔이 양쪽에 달려 있어서 넓게 볼 수는 있어도 직관할 수는 없어요. 오른쪽을 보면 오른쪽밖에 모르고, 왼쪽을 보면 왼쪽밖에 몰라요. 모든 것을 한꺼번에 수용할 줄 몰라요. 인간들의 말로 통찰을 못 해요. 그러니 통섭을 바라겠어요? 게다가 이놈은 중요한 사건을 살필 때마다 대가리를 오른쪽이나 왼쪽으로 갸우뚱거리는 버릇이 있어요. 그러다가 아예 한쪽으로 한 23.5도가량 기울이거든요. 올곧은 세상을 모두 오른쪽이나 왼쪽으로 23.5도 기울어진 것으로 본단 말씀이에요. 듣는 것도 보는 것도 느끼는 것도 생각하는 것도 다 제가 좋아하는 쪽으로 바루어야 한다고 생각하게 됐어요. 기울어진 인식으로 기울어진 지식을 갖게 되고 기울어진 지식으로 기울어진 해석을 하니까 행동도 기울어질 수밖에요. 요즘에는 새벽마다 기울어진 목소리로 '꼬끼오'거리잖아요. 시도 때도 없이 한쪽으로 기울어진 목소리로

제 쪽으로 기울어진 형상화에 열을 올리고 있잖아요. 제집 암탉을 거느린다고요? 웃기는 얘기지요. 제집 암탉 목구멍에 넘어가는 모이도 뺏어서 이웃 마당에 노는 암탉에게 넘겨주는 것도 못 봤어요? 게다가 제 마당에 노는 우리 버마재비만 보면 꼬꼬댁거리고 그 쉰 목소리로 짖어대잖아요. 말로만 열려 있고 사유는 닫혀 있으니 기우뚱거릴 수밖에요. 수탉의 카리스마는 이미 기울었어요. 왼쪽이나 오른쪽으로 기우는 순간 카리스마는 더럽게 왜곡되게 마련이지요.

– 아, 기울어진 닭대가리? 닫혀 있는 열린 사고? 왜곡된 카리스마? 아아, 으으음······.

나는 할 말이 없었다. 나는 두려웠다. 두려움으로 절로 신음 소리가 나왔다. 그것은 닫혀있는 창조적 진화였다. 내 가슴 속에서 겨울을 난 버마재비가 범처럼 두려웠다. 그 녀석은 정말 범의 아재비였다. 이 녀석을 나의 품 안으로 다시 집어넣어야 겠다고 생각했지만 그건 모두 헛수고였다. 그는 수탉들에 대해서 이미 너무나 큰 원한을 가지고 있었다. 부족한 통찰력에서 시작된 편견이 이렇게 두려운 결과를 가져온다는 사실에 다시 한 번 놀랐다.

4. 정체성 세탁

– 그래도 수탉은 저를 따르는 닭들을 보호하잖아.

힘없이 근거도 없는 낱말을 뱉어 보았다. 흥분한 버마재비는 세모대가리에 튀어나온 두 눈깔을 탱글탱글 굴리면서 도끼 같은 앞발을 번쩍 들었다. 정말로 당랑螳螂이 되어 알량한 나의 사상을 거철拒轍할 기세였다. 나는 그 녀석이 또 두려웠다. 아, 가슴 속에 범을 키웠구나. 나는 또 후회했다. 그렇다고 패배를 자인할 수도 없었다.

- 수필가 느림보님, 보호라고 했나요? 웃기지 마슈. 제 마누라를 하나씩 잡아먹다가 이웃 마당에 낟알이라도 수북하면 다 버리고 건너갈 놈이 그놈이잖아요. 이미 몇 차례 건너다닌 전력을 잊었나요. 한 번 '꼬끼오-'하고 목을 뺐다가 내리면서 또 그 대가리를 갸웃거리며 슬그머니 이웃의 열린 마당을 기웃거리잖아요. 추종하는 닭들이 그놈 모양을 흉내 내면서 우르르 그 녀석을 따라나서잖아요. 생각도 없는 닭대가리들을 갸웃거리며 패거리를 지어 이리 몰리고 저리 몰려다니면서 뭐 열린 사고, 열린 수용, 열린 창조성, 창조적 진화 어쩌고 허울 좋은 어휘를 주워섬기잖아요.

- 열린 창조성? 열린 사고? 닫힘을 열림이라고 하나? 시니피에signifié를 어떤 시니피앙signifiant으로 발현시킬지 헷갈리는 가치의 혼돈시대가 되어 버렸구나.

- 열림이 그놈의 정체성이라네요. 이웃 마당에 슬그머니 건너가서 이것저것 아무거나 마구 훔쳐 먹다가 어린애 똥에 섞

인 거시라도 발견하면 그것도 먹을 거라고 혼자 처먹다가 제 얼굴에 똥칠이라도 하면 또 물 맑은 마당을 기웃거리잖아요. 이념의 문이 열려 있으니까 손쉬운 선택을 할 수 있지요. 열린 사고니까, 열린 창조성이니까. 아니 그것은 이념도 아니지요. 이 버마재비의 세모대가리로 생각건대 그건 정체성의 세탁이라고 하고 싶어요. 수시로 털갈이를 하면서 자신의 정체성을 세탁하는 거지. 흐흐-

 이놈의 입을 틀어막을 수가 없다. 사마귀 같은 놈, 아니 그냥 마귀 같은 놈, 오줌싸개 같은 버마재비. 그러나 그 녀석의 이바구는 정말 무서운 범의 아재비였다.

5. 열림에 대한 궤변

 – 정체성 세탁? 그게 아니라 그들의 이념은 열려 있으니까 그렇게 해도 괜찮은 거지.

 – 수필가 느림보님, 그런 궤변을 늘어놓지 않아도 당신 뭐하는 사람인지 다 알아요. 그건 열림에 대한 본질이 아냐. 이 양반아. 알아? 열림에 대한 궤변이라고 하는 거야. 이 갑갑한 수구 꼴통 나으리야.

 갑자기 말문이 막혔다. 대꾸할 말이 생각나지 않는다. 와 도망가자. 망신이다. 버마재비가 없는 세상으로 도망가자. 나는 그런 생각을 했다. 그러나 도망갈 수 없었다. 아직 날이 차기 때문이다. 이 날씨에 저 녀석을 품에 품어주지 않으면 얼어 죽을지도 모르기 때문이다. 아마 맞아죽을 것이다. 수레바퀴에 깔려 죽을지도 모른다. 수탉의 갈퀴 같은 발에 밟혀서 배가 터져 죽을 수도 있다. 당랑의 거철같이 무모한 말을 마구 내뱉는 저 녀석을 아직은 내 품에 품어주어야 한다. 나도 버마재비 없이는 살 수가 없다.

★ 닭들의 궤변
"먹이가 떨어졌다. 야, 뛰쳐나가자. 다른 우리로 가자."

저쪽에 보리가 다 자랐다. 여긴 이미 풀뿌리까지 다 캐 먹었잖아. 우리 집 수탉은 모이 쪼아줄 힘도 없어. 가자. 헛소리만 해대잖아. 사법 리스크투성이잖아. 공정이라는 총칼을 마구 들이대잖아. 왜곡된 카리스마라고 하잖아. 새로운 수탉을 찾아보자. 가자. 새 우리를 만들러 나가자. 어디로 갈까. 저쪽 감자밭에는 울짱이 높다. 그러나 뛰어넘자. 아니 그냥 열려 있을지도 몰라. 눈을 가리고 아웅하면 다 되니까. 자 떠나자. 화양연화花樣年華도 다 지났다. 인제는 울타리 구멍에 족제비눈이 되어 눈치를 보다가 울타리 구멍에 족제비 달아나듯 살금살금 달아나자. 아니 여우 눈을 뜨고 여우 같은 변명을 늘어놓아 볼까? 아니 저쪽 우리에서 받아줄까? 아니면 우리가 울짱을 치면 돼. 아니 헐어진 울바자에 이웃집 개 드나들듯 하면 되는 거야. 그러면 그쪽 우리에서도 다 울타리가 되어주는 거야. 우리는 어디든 우리니까. 닭은 어디 가도 닭이니까. 모두가 다 중생 아닌가. 아무리 궤변이라지만 열림이니까. 열림의 세계를 다시 세워야 하니까. 우리끼리 창조적 진화를 해야 하니까. 가자. 새 우리를 찾자. 젊고 깨끗한 새 수탉을 찾자.

나는 한쪽밖에 쓸 수 없는 귀로 빛깔도 알 수 없고 거리도 가늠할 수 없는 닭들의 아우성을 들었다. 어느새 내리던 함박눈이 그치고 구름 사이로 따사로운 햇살이 빛을 쏟아붓는다. 열림을 왜곡한 한 무리의 닭들이 햇살을 받으며 담장 밑에 모여섰다. 수탉도 없이, 역사의식도 철학도 없이, 정체성도 잃어버린 닭들이었다. 닭들은 그 햇살이 시험인 줄도 모른다. 꾸짖음인 줄도 모른다. 은총인 줄로 알고 있다. 닫힌 사고로 열려 있는 줄만 안다. 닭대가리니까. 내가 키운 버마재비는 추위에 바들바들 떨고 있다. 나도 다리가 휘청거린다. 나는 두려움에 가슴이 떨렸다. 나의 색깔도 이미 닭의 무리와 같은 색깔이 되었기 때문이다. 그러나 곧 그런 떠남도 괜찮은 것으로 착각하는 나를 발견하고도 별로 놀라지 않았다. ← 샤프 파워sharp-power → 시나브로 닭대가리가 되어버린 나를 발견한다.

(2024. 12.)

5 ~~~~~~~~~~~~~~~ 마당

영화와 거울효과

 차가운 눈이 내린다. 강둑에도 둔치 모래 위에도 눈이 하얗다. 강물은 얼어붙었고 얼음 위에도 눈이 쌓였다. 세상이 온통 차갑다. 추위 때문인지 슬픔 때문인지 잔뜩 웅크린 아버지는 영정 사진을 끌어안고 그 뒤를 유골 상자를 든 고故 박종철 군의 형이 따른다. 형은 뼛가루를 한 움큼 강물에 뿌린다. 뼛가루가 거뭇거뭇 바람에 날린다. 얼음 위에 쏟아진 잿빛 죽음이 그대로 얼어붙는다. 눈물조차 흘릴 수 없고 마음 놓고 목 놓아 울 수조차도 없는 아비는 차가운 강물에 빠진 채 자식의 유골을 언 손으로 강물에 쓸어 넣으며 "철아 잘 가그래이"만 되뇔 뿐이다. '죽음, 잿빛, 뼛가루, 유골, 얼어붙은 강물' 이런 것들이 화면에 가득하다. 어찌할 수 없는 처절한 슬픔이 스크린을 넘어 넘실넘실 객석으로 넘어왔다.

 영화 〈1987〉은 관객에게 차가웠던 80년대를 명경에 비치듯 그렇게 내비치었다. 생각해보니 영화는 거울이다. 영화라는 거울이 비치고자 하는 것은 현상만이 아니다. 영화는 내면 깊숙이까지 내비치고자 한다. 인간의 마음을 얼비치고, 역사의 속셈을 비치고, 사회의 정의를 비친다. 과거를 드러내 현재를 깨우치고자 하는 것이 최근에 변화된 한국 영화의 지향점인 것 같다. 영화 〈1987〉이 내비치고자 한 것은 역사의 전환점이 어떻게 오는지에 대한 대중의 깨달음이다.

'80년의 봄'이라던 1980년 군부독재가 끝나고, 이제는 온 세상에 하얗게 목련이 피어나는 봄이 올 듯했는데, 신군부의 더 살벌한 독재로 소망하던 목련은 최루탄만 하얗게 뒤집어썼다. 실낱같은 희망이 뚝뚝 떨어져 버리자 우리는 '그런다고 세상이 바뀌나' 하며 좌절과 무기력 속에서 체념하고 살았다.

이 영화는 '세상은 정말로 바뀔까.' 하는 의문에 명확한 대답을 준다. 1987년 당시의 상황이 기억에 생생한 우리 세대의 마음을 너무나 아프게 했다. '물고문 도중 질식사'라는 제목의 당시 『동아일보』 가사가 인서트insert되자 가슴이 먹먹해 왔다.

'서울대생 박종철 사망 사건, 박처원 대공단장, 탁 치니 억 하고 죽더라, 남영동 분실.' 이런 어휘들은 당시를 떨며 지냈던 우리 세대를 30년 지난 지금도 소름 끼치게 한다. 이런 말도 안 되는 말들이 말이 되던 사고를 사위게 한 것은 바로 진실에 대한 용기이다. 부검 결과를 진실대로 발표한 의사의 용기, 진실을 보도한 언론의 용기가 박종철이라는 청춘의 죽음을 '개죽음'이 아니라 민주주의와 자유를 위한 '희생'이 되게 했다. 이런 양심이 '세상이 정말로 바뀔 수 있을까' 하는 물음에 대한 대답을 주었다. 진실은 바늘과 같아서 아무리 두꺼운 천으로 싸고 또 싸도 비집고 나온다. 진실은 해머와 같아서 아무리 육중한 바위문으로 닫아도 깨고 나온다. 6월 항쟁은 박종철의 죽음으로 불이 붙어 이한열의 죽음으로 활활 타올라 결국 대중의 가슴에 불을 붙였다. 독재의 차꼬와 수갑을 벗어던지고 민중이 자유를 찾아가는 길목에서 쟁취한 드라마 같은 역사이다.

영화 〈1987〉은 당시 많은 기록 사진이 삽입화면으로 인용되었다. 이런 경우 관객의 예술적 감동을 덜게 되는데, 이 영화는 오히려 관객의 눈물샘을 자극했다. 항쟁이 막바지에 이르렀을 때 택시 기사들이 거리에 차를 세우고 '호헌 철폐, 독재 타도'를 외치는 장면에서는 나도 벌떡 일어나 '독재 타도'를 함께 외칠 뻔했다. 그만큼 화면이 관객을 빨아들인 것이다. 이한열 열사를 연기한 배우 강동원이 연세대학교 정문 앞에서 최루탄을 맞고 사망하는 장면이 점점 흑백으로 옅어지다가 실제 당시 흑백사진으로 바뀌었는데, 이 화면은 마치 허구적 예술에 받아들여진 당시 현실이 다시 사실로 관객에게 되비치는 영적 거울이 된 것처럼 사람들의 정서를 사로잡았다. 가장 슬픔을 느끼게 한 화면은 첫머리에서 말한 것처럼 박종철의 유골을 얼어붙은 강물에 뿌리는 장면임은 말할 것도 없다. 엔딩

화면은 관객을 좌석에 붙들어 매어 놓는 것 같았다. 항쟁 당시의 실화 흑백사진 위로 출연자 이름이 자막으로 겹쳐 빠르게 올라가는 화면을 바라보며 먹먹해진 가슴으로 멍하니 앉아 있을 수밖에 없었다.

〈1987〉의 또 하나의 놀라운 점은 캐스팅된 배우 중 어느 누구도 톱스타로 만들지 않았다는 점이다. 하정우, 설경구, 유해진, 강동원, 오달수 같은 유명 배우를 캐스팅하여 명연기를 보이면서도 스토리가 어느 한 배우에게 집중되지 않아 작품이 지향하고 있는 평등주의를 이루어냈다.

영화〈1987〉에서 간과할 수 없는 것은 잦은 거울의 등장이다. 거울은 자신을 돌아보게 한다. 지나간 역사가 오늘의 거울이 된다면 이 영화는 지난날을 되새겨 오늘을 들여다보는 거울이 되었다. 오늘의 정치, 사회, 문화를 돌아보게 된다. 나는 이 영화를 보면서 무엇보다 나를 돌아보았다. 교직에 있었던 나는 당시 젊은 학생들에게 무엇을 가르쳤나 생각하니 부끄럽기만 하다. 거울을 보면서 누구나 자기 얼굴의 티끌을 떼어내지 남의 얼굴에 묻은 티끌을 찾는 사람은 없을 것이다.

이제 한국 영화는 그 위상이 달라졌다. 영화〈1987〉은 그런 면에서 거울의 역할을 충실히 했다고 본다. 한국 영화의 가치를 몇 계단 상승시킨 감독과 출연진 모두에게 박수를 보낸다.

(2018. 1.)

동주를 찾아가는 길

아침 식사를 마치고 용정으로 향했다. 용정은 이도백하시에서 연길로 향하는 길목에 있는 작은 도시이다. 용정으로 향하는 길목은 그냥 1970년대 우리 고향 마을을 지나는 것 같았다. 길림성을 뒤덮었던 옥수수밭도 여기서는 뜸하다. 고향 야산 같은 산에는 사과나 복숭아 과수원이 있고, 과수원 언덕을 내려오면 나지막한 초가집, 기와집이 있고, 마당가에 헛간을 들이고, 울타리에는 덩굴강낭콩이 보랏빛 꽃을 피우는 그런 마을이었다. 사립문으로 들어가는 작은 길에는 빨갛고 노란 백일홍이나 빨간 맨드라미가 피었고, 뜰에는 분꽃이 피어 누나에게 저녁 보리쌀을 안칠 시간을 알려주는 그런 마을이었다.

텃밭에는 고추가 열리고 대궁이 올라온 상추가 자잘한 꽃을 피웠다. 들로 나가면 이제 나락이 패어나기 시작했다. 볏논 언저리에 있는 콩밭도 바로 들어가 김을 매도 하나도 설지 않을 것 같았다. 가지 많은 키 작은 버드나무가 늘어선 개울에서 미꾸리나 붕어를 잡던 옛날이 그립다. 방천둑에 서서 먼산을 바라보며 새김질하는 누렁소조차도 크고 검은 눈을 꿈적이는 모습이 눈에 보이는 듯하다.

용정이 가까워지자 거리의 간판들이 모두 한글 간판이다. 한글을 위에 쓰고 중국어를 아래에 쓴 간판들이 즐비하다. 간판뿐 아니라 정부에서 세워 놓은 이정표도 한글과 중국어를 병기했다. 우리나라 북쪽 지방 어디를 돌고 있는 기분이다. 사람들의 표정까지도 고향 사람들이다. 거리를 걷는 사람들의 얘기 소리가 다 우리말이다. 거기는 그냥 지난 세월의 우리 민족의 고향이다. 그래서 더욱 이 땅을 중국에 넘겨준 역사가 원망스럽다. 간도는 분명히 우리 땅이다.

1712년 조선과 청은 국경 문제를 해결하기 위해 백두산에서 회담을 가졌다. 그해 5월 15일 '서쪽 국경은 압록강으로 하고 동쪽 국경은 토문으로 한다.[西爲鴨綠 東爲土門]'는 내용의 정계비를 세웠다. 하지만 토문강의 위치에 대해서는 해석상의 문제가 남아 있다.

조선은 두만강과 토문강 사이의 땅, 즉 간도를 개척하였으나, 토문강을 두만강이라고 여긴 청국은 간도를 개간한 조선인의 철수를 요구하기도 했다. 이에 따라 1883년 조선에서는 어윤중을 보내어 정계비를 조사하게 하고, 9월에는 이중하를 보내어 간도가 조선의 영토임을 주장하였다. 1902년에는 이범윤을 간도로 파견하여 주민을 위무하였고, 이듬해에는 그를 북간도관리사로 임명하여 이를 주한청국공사에 통고하였다. 아울러 포병을 양성하고 조세를 거두는 등 계속해서 간도 영유권을 관철시켜 나갔다.

김용만·김준수,『지도로 보는 한국사』

  이렇게 잘 나가다가 1905년 을사늑약으로 일본에게 외교권을 박탈당하자 간도협약을 맺어 간도를 중국에 넘겨주게 된 것이다. 그러니까 지금 우리 민족이 대다수 살고 있는 연변조선족자치주, 장백조선족자치현은 우리 민족이 일궈낸 우리 땅이다.

  대성중학교에 도착했다. 윤동주 시비 앞에 섰다.『하늘과 바람과 별과 시』의「서시」이다. 한국인이면 다 들러 가는 이 시비 앞에서 사람들은 어떤 생각을 할까? 사실 그를 독립지사라고 하지만, 어떤 면에서 그를 독립지사라고 생각할까 참 궁금했다. 윤동주는 그의 유고 시집『하늘과 바람과 별과 시』의「서시」에서처럼 하늘을 삶의 기준으로 삼았다. 하늘을 향하여 바람에 부대끼면서 살아야만 하는 자신을 무수히 반성하면서 지식인으로서의 자신이 소망하는 별을 갈구했다. 그러나 그의 별은 오늘 밤 바람에 '스치운다'.

나는 사실 부끄러운 나이인 이 나이를 맞아서 겨우 에너지를 받아야 할 하늘의 의미를, 발 딛고 비벼야 할 언덕배기인 땅의 의미를 생각하기 시작했다. 그러나 동주는 스물아홉 그 어린 나이에 죽어가면서도 이미 깨달은 하늘과 땅과 자연과 부대껴야 할 바람에 대한 삶의 줄기를 놓치지 않았다. 자신의 별이 바람이 스치울 때마다 지식인으로서의 부끄러움을 느꼈다. 바윗돌에 새겨진 한 줄의 시에도 많은 의미가 담겨 있다. 나는 동주의 어깨인 양 시비를 짚고 서서 다시 한 번 「서시」를 읽었다. 하늘이 갑자기 흐려졌다. 사람들은 우르르 학교 건물 안으로 들어가고 속 모르는 안내자는 나를 재촉했다.

끊임없이 순수를 지향했던 시인 윤동주와 초현실주의 시를 이 땅에 실험한 시인 이상의 다른 점은 무엇일까? 둘 다 일제 치하라는 역사 속에서 불운하게 젊은 시절을 보내고 서른도 못되어 세상을 떠났지만 두 시인은 많이 다르다. 내 생각에 이상은 일제 치하라는 지독한 현실에서 탈출하고, 규범으로부터 자유를 추구하면서 자신을 수없이 학대하다가 결핵으로 숨을 거둔 시인이라면, 동주는 지식인으로서 우리 민족에게 가져야 할 사명이라는 철저한 규범의 틀 안에 자신을 쓸어 담지 못해 끊임없이 스스로를 꾸짖다가 결국은 생체 실험의 대상이 되어 조금씩 조금씩 생명의 에너지를 빼앗겨 죽어간 시인이다. 그래서 이상은 자신의 겨드랑이에 날개를 달고자 했고, 동주는 녹슨 청동경을 닦으면서 거기에 비친 자신의 부끄러운 얼굴을 보면서 참회했는지 모른다. 둘 다 방법은 달라도 일제 치하라는 고통스러운 현실에서 지식인으로서 고뇌를 견디지 못해 황량한 세상에서 방황을 거듭한 시인이라는 점에서 서로 통한다고 할 수 있다.

  이 넓고 비옥한 땅을 잃어버린 역사 앞에서 나는 무엇을 변명해야 하는가? 그저 역사를 놓친 조상들만 원망해야 하는가? 해란강을 건너 멀리 일송정을 바라보면서 용정을 돌아 나오는 길이 착잡하기만 하다.

(2023. 4.)

'빨리빨리'냐 '천천히'냐

이제 바라나시로 가야 한다. 석가모니 부처님 탄생지인 룸비니 동산에서 힌두교의 성지 바라나시까지는 340km라고 한다. 열두 시간을 가야 한다는 가이드의 설명이다. 우리나라라면 서너 시간이면 충분하다. 도대체 시간을 예상할 수도 없고 예정할 수도 없는 것이 인도의 도로 사정이다. 그래도 축지법을 쓰든지 해서라도 단축할 꿈을 꾸지 않는 것이 이곳 사람들이다.

어처구니없는 것은 가이드의 태도이다. 한국의 '빨빨 문화'가 오히려 잘못되었다는 것이다. 한국은 '빨리빨리'라는 생각 때문에 오늘날 경제적 풍요를 이루었을지 모르지만 그에 반해 과연 행복하냐는 반문이다. 인도는 조금 가난하더라도 천천히 여유 있게 살면서 행복을 누린다는 것이다. 나는 속으로만 생각했다. '초코파이를 먹어보지도 못한 놈이 그 맛이 그리워 불행해지겠냐?' 나도 승용차를 타기 전에는 고급 승용차를 그리워할 줄 몰랐다.

차는 비포장도로를 달리며 널을 뛴다. 느닷없이 급정거도 한다. 소가 어슬렁거리며 지나간다. 아무리 소걸음이라지만 인도는 소도 걸음이 한우보다 느리다. 우리도 이제 천천히 일하며 살아도 될 텐데 왜 '빨리빨리' 하다가 그것도 모자라 '빨빨'이 입에 뱄을까? 그런데 점심시간에 가이드의 한 마디가 평상시와 다르다.

"빨리빨리 많이 드세요."

비아냥거리는 듯 부러워하는 듯 묘한 여운이 남는다. 그런데 그 말 참 어색하다. '천천히 많이 드세요.' '차린 것은 없지만 천천히 많이 드세요.' 이게 우리말이다. 일할 때는 '빨리빨리'이고 먹을 때는 '천천히'이다. 이 사람들은 일할 때는 '천천히'이고 먹을 때는 '빨리빨리'이다.

우리나라의 '빨리 문화'는 사계절이라는 다양한 변화에 맞추어 살다 보니 생겨났다. 사계절에 따라 농사도 다양하고, 이십사절기에 따라 그때마다 해야 할 일이 있으니 서둘러야 한다. 때를 놓치면 콩밭 잡초 속에서 호랑이가 새끼 치게 되고, 가을엔 콩이 다 튀어 버리고, 깨밭에 깨는 다 쏟아진다. 하루라도 늦으면 가을무가 서리를 맞고 붉은 고추는 희아리가 된다. 때를 놓치면 곯고 고세고 마르고 얼고 어혈 먹고 희아리가 되고 튀고 쏟아져 버린다. 늑장 부리면 비를 맞히고 가뭄 탄다. 때를 놓치지 말아야 한다는 마음에서 '빨빨 문화'가 생겨날 수밖에 없었다. 그래서 일할 때는 '빨리빨리'이다.

서로 권농하는 마음으로 '빨리빨리' 하다 보니 농사 아닌 다른 일도 서두르게 되었다. 그 대신 먹을 때는 여유를 부린다. '찬찬히 많이 드세요.' 한다. 먹는 것만큼 소중한 것은 없다. 천천히 먹어야 건강하다. 정성을 다해 조근조근 먹어야 제맛을 안다.

제때제때 빨리빨리 농사지어서 찬찬히 꼭꼭 씹어 천천히 먹는 게 우리 문화이다. '빨리빨리'라고 비아냥거리는 남에게 기죽지 말자. 우리는 빨리빨리 일해서 천천히 잘 먹고 잘사는 슬기로운 민족이다.

(2016. 12.)

고복저수지 메기매운탕

 드디어 메기매운탕이 나왔다. 그런데 아주 단순하다. 메기는 보이지도 않고 수제비 몇 점만 살짝 보인다. 조금 도톰하고 나박나박 썬 무 조각도 국물 위로 살짝 낯을 보였다. 발갛게 고춧물이 든 무 조각을 보기만 해도 입맛이 시원하다. 대파랑 깻잎이랑 쑥갓이 고명처럼 파랗게 얹혀 있다. 마늘이나 생강은 보이지 않는다. 메기매운탕이라면 빨갛게 익은 민물새우 몇 마리쯤 보일 줄 알았는데 아니다. 소문에 비해 보기에는 별것 아니었다. 그렇지 메기매운탕이 뭐 별건가.

 세종시 연서면에 있는 고복저수지 메기매운탕이 청주까지 소문이 났다. 다녀온 사람들은 그 집 메기매운탕을 먹어보지 않고는 매운탕 얘기는 꺼내지도 말라고 침을 튀겼다. 속으로 '메기매운탕이 뭐 별건가? 비릿하고 껄쭉하겠지.' 하고 무시해 버렸다. 그리고 청주에도 있는 메기매운탕집을 드나들었다. 그저 수제비 건져 먹는 맛, 냄비 바닥에 빨갛게 익어 붙어 있는 고소한 민물새우 맛으로 만족했다.

음식을 소재로 수필을 쓴다면서 이름난 고복저수지 메기매운탕 맛을 보지 못한 것이 때로는 자존심 상하기는 했다. 사람들 앞에서 나도 먹어본 척하면서 말을 돌렸다. 슬그머니 고복저수지 부근을 서성거린 적도 있다. 그런데 갈 때마다 사람들이 밖에까지 줄을 서서 기다리는 바람에 감춘 소망을 이루지 못했다.

한창 때 백두대간을 함께 걸었던 산 친구와 오랜만에 세종시 전의면의 이성李城, 작성鵲城, 금이성金伊城으로 이어지는 등마루 13km를 밟았다. 아름다운 사찰 비암사로 내려오니 오후 3시가 넘었다. 고복저수지 부근 메기매운탕집으로 달려가니 차가 서너 대밖에 없다. 점심때가 지난 것이다. 오늘은 정말 맛볼 수 있겠구나. 좋은 친구까지 함께했으니 금상첨화가 아닌가.

문안에 들어서는데 매운탕집에서 나는 특유의 비린내가 나지 않는다. 그렇게 많은 사람들에게 메기매운탕을 끓여 댔으면 문안에 들어서자마자 비린내로 이맛살을 찌푸려야 하는데 냄새는 그림자도 없다. 무슨 조화로운 비법이라도 있으렷다.

배고픈 사람 둘이서 먹을 만치 달라고 했다. 2인분을 좀 넉넉히 드리겠노라고 하는 대답이 아름답다. 상차림은 아주 단순하다. 깍두기, 콩나물무침, 배추김치, 도라지고추장무침, 어묵볶음, 세발나물무침이 전부였다. 푸릇한 나물이 뭔지 몰라

아주머니에게 물으니 '세발나물'이라고만 가르쳐 주었다. 우선 깍두기를 먹어보았다. 깍두기는 곰탕집 깍두기의 4분의 1 정도 크기여서 먹기 좋았다. 젓갈이 들어가지 않았는지 맛이 달콤하고 깔끔하다. 다음에 세발나물무침으로 젓가락이 갔다. 처음 먹어보는 나물이라 조금 조심스럽기는 했다. 돌나물무침처럼 양념장을 얹어서 무치지 않고 그냥 내왔다. 맛이 상큼하다. 그런데 나물 자체에서 약간의 향과 함께 짭짤한 맛을 느낄 수 있었다. 메기매운탕을 먹고 나면 입에 남는 비릿한 맛을 씻어주는 데 제격일 것 같았다.

냄비가 두툼하지 않아서 바로 끓는다. 침을 꼴깍꼴깍 삼키고 있는데 아주머니의 허락이 떨어졌다. 국물 한 숟가락을 살짝 떴다. 기름이 돌지 않는다. 고추장매운탕으로 보이는데 걸쭉하지도 않다. 메기를 넣었으면 기름이 테를 두르거나 비린내가 나야 하는데 그렇지도 않다. 숟가락을 가만히 입안에 넣어 살며시 혓바닥에 국물을 흘렸다. 일단 짜지는 않았다. 비릿한 맛도 없다. 입안이 화끈하게 맵지도 않다. 그냥 무해무덕하다. 대개 매운탕은 매운맛으로 고객을 사로잡는데 그렇지 않다. 그런데 꿀꺽 삼키는 순간, 아 고소하다. 됐다. 이 맛이다. 나는 마치 내가 맛을 내기라도 한 듯이 성취감에 취해 버렸다. 일하는 아주머니들이 다 예뻐 보였다.

생선은 오래 끓을수록 더 진한 맛을 낸다. 한 5분 더 기다리는 것쯤이야 미식가가 겪어야 하는 짧은 고통이다. 오른손에 숟가락을 든 채 참고 참으며 기다렸다. 국자로 고기 한 점을 나눔 접시에 덜어 왔다. 생선살은 하나도 부서지지 않은 채 살아 있는 것처럼 오동통하다. 숟가락으로 건드리니 뼈는 뼈대로 고깃살은 고깃살대로 분리된다. 하얀 고깃살을 입에 넣고 그냥 꾹 눌러보았다. 부드럽고 담백하다. 비리지 않다. 깔밋하다. 메기 고유의 맛이 민물새우 고소함에 묻히지 않고 살아있다. 우리는 얼굴만 바라보고 한 마디도 말을 하지 않았다. 바로 이것이 전통의 맛이다. 깔끔한 재료들만으로 깔끔하게 맛을 낸 것이다. 새우 맛 같은 속셈이 없는 두 사람의 우정을 닮아 깔끔하고 담백하다.

대부분 민물생선매운탕 전문 식당에서 육수를 낼 때 소나 돼지의 뼈를 고아서 만들기도 하고 멸치나 다른 생선을 넣어 고아내기도 한다. 그런데 이 식당 육수는 일단 동물성 맛은 나지 않았다. 버섯, 양파, 무 같은 식물성 재료만을 넣어 만들었을 것 같다. 나중에 물어보니 내 짐작이 맞았다. 또 세발나물은 해남 바닷가에서 직송해 온다고 한다. 그래서 향과 함께 약간의 염기가 있었나 보다. 육수에도 분명 해초가 들어갔을 것이다. 정성도 중요하지만, 맛을 내고 조화시키는 먹거리의 속성을 연구하는 것도 필요한가 보다.

우리는 시장하기도 했지만 매운탕의 특별한 맛 때문에 순식간에 한 냄비를 해치웠다. 나오면서 들으니 1980년부터 어머니가 고복저수지 낚시꾼들에게 매운탕을 끓여 팔았는데 손님이 많아져 큰 식당을 짓고 이사하여 이제는 아들이 운영한다고 한다. 육수를 만드는 비법이 궁금했지만 젊은 며느리는 어머니께서 자신에게만 일러 주셨기에 아무에게도 말할 수 없다고 한다. 다만 동물성을 쓰지 않아 비린내가 나지 않는 것이라는 말만 조심스럽게 해 준다. 나는 여기서 멈추지 않고 된장이나 고추장은 어떻게 쓰느냐고 슬쩍 물었다. 된장도 고추장도 절대 쓰지 않고 특별히 숙성시킨 양념 소스sauce만을 사용한다고 귀띔해주었다. 더 이상 묻지 않았다.

빙허각 이씨의 『규합총서』에는 메기매운탕을 '점어鮎魚는 물을 끓여 튀하면 미끄러운 것이 없어진다. 좋은 고추장에 꿀을 좀 섞어 끓이면 좋다.'라고 설명하고 있어서 당시에도 즐겨 먹었음을 알 수 있다. 메기는 심장을 강하게 하고 특히 당뇨병에 좋다고 한다. 저칼로리 고단백이라 여름 보양식으로 좋다고 한다. 그러나 나 같은 통풍 환자에게는 별로 이로울 게 없다고는 한다. 하지만 가끔 어쩔 수 없는 외도는 나의 도반道伴인 통풍도 용서할 것이라고 믿는다.

돌이켜 보면 어린 시절에 냇가에서 피라미나 붕어새끼를 움키다가도 메기 한 마리가 걸리면 개선장군이 되었다. 기다란 수염을 가진 시커먼 메기를 들고 무용담을 이야기하듯 식구들

앞에서 으스대던 일이 생각난다. 고복저수지 부근에서 낚시꾼의 시장기를 덜어주던 어머니의 손맛 같은 메기매운탕은 사람들의 유년의 기억을 되살리기에 충분한 맛이다. 그래서 사람들이 끊임없이 찾아오는가 보다. 맛은 재료의 속성을 알고 정성을 다하는 데서 나온다. 처음 시작하신 어른은 사람들에게 음식 장사를 한 것이 아니라 진솔한 어머니의 마음을 전해 준 것이다. 따뜻한 인간의 사랑을 깨우쳐 준 것이다. 어머니 손맛으로 사람들의 아련한 기억을 되살리고, 손맛에 담긴 사랑을 가르쳐 우정을 더욱 도탑게 하였다. 결국 메기의 활력으로 생활에 찌든 삶을 헹구어 준 것이다.

 돌아오는 길 저수지에는 생기가 이들이들하다.

(2016. 3.)

낭만이 살아오는 술, 막걸리

 저녁상에 막걸리가 올라왔다. 우리 집 밥상에 반주가 웬일인가? 아들이 퇴근길에 사 왔다는 것이다. 그런데 막걸리치고 병이 고급이다. 프랑스 코냑처럼 멋있다. 아랫도리는 초록색으로 동그랗고, 목은 길쭉하게 빠졌다. 초록 너머로 보이는 젖빛처럼 뽀얀 술이 고급스럽다. 가라앉은 찌꺼기도 없다. 그래서 처음에는 우윳빛 와인도 있나보다고 생각했다.
 애주가는 못 되지만 소주에 맛을 들이고 나서는 막걸리는 별로 달갑게 생각되지 않았다. 퇴근길에 술이라도 한 병 사 오는 자식이 기특해서 한 잔 받았다. 대포를 마시듯이 벌컥벌컥 들이키지 않고, 와인을 마시듯 조금씩 입에 머금어 맛과 향을 음미했다. 향이 맑고 맛이 깨끗하다. 전통 막걸리의 단맛, 씁쌀한 맛, 새콤한 맛, 톡 쏘는 듯한 청량감이 조화롭다. 한 가지 아쉬운 점이 있다면 막걸리 특유의 걸쭉한 맛은 좀 덜한 것 같았다. 전통 막걸리의 다섯 가지 맛을 다 살리면서 신세대가 별로 달가워하지 않는 걸쭉한 맛은 감한 것 같다. 향도 단순하고 깊어졌다.

돌이켜 보면 나도 막걸리에 젖어 살던 때가 있었다. 자랑이라고 할 수 없지만 고등학교 1학년 때 이미 막걸리를 자주 마셨다. 하굣길에 넘어야 하는 배티고개를 거의 오르면, 인심 좋은 할머니의 주막이 하나 있었다. 어느 겨울날, 주막 앞을 지나노라니 할머니가 손짓으로 나를 불렀다. 연탄불이 벌겋게 달아오르는 아궁이 앞에 나를 앉히고, 부뚜막에 묻어 놓은 단지를 휘저어 커다란 사발에 젖빛처럼 뽀얗고 따뜻한 막걸리를 따라주었다. 술을 마시지 못한다니까 이 추위에 얼마나 배가 고프냐며 술이 아니라 밥이니까 얼른 마시란다. 두 손으로 사발을 들고 벌컥벌컥 마셨다. 할머니가 손가락으로 깍두기 한 알을 집어 입에 넣어주셨다. 지금도 따뜻하고 상큼한 맛은 잊을 수 없다.

그 후로는 출출하면 스스로 할머니의 부엌을 찾았다. 그러면서 차츰 막걸리 맛을 알게 되었다. 여름에는 갈증을 달래기 위해서, 겨울에는 추위를 잊기 위해서 마셨다. 토요일 오후엔 대포 한잔이면 점심을 걸러도 시오리 길이 거뜬했다. 우리 민족에게 대포 한잔은 한 끼 끼니이기도 했다.

그렇게 배운 막걸리를 대학에 가니 숨어서 마실 필요가 없게 되었다. 강의가 끝나는 오후에는 으레 친구들과 어울려 막걸리를 마셨다. 막걸리 잔을 들고 시대의 모순에 울분을 토했다. 젊음의 이상이 끝없이 추락하기만 했던 그 시대, 막걸리는 절망의 탈출구였다.

서른을 막 넘어 단양에서 근무할 때는 석연집이라는 인심 좋은 할머니의 막걸리집이 있었다. 날이면 날마다 발걸음도 가볍게 석연집으로 퇴근했다. 묵은지와 두부를 구워 막걸리를 마시면서 묵은지 맛 같은 선배의 철학을 들었다. 그 시대엔 막걸리가 삶의 족적이었고 믿음의 무늬가 되었다.

지난해 8월 무덥던 어느 날, 친구와 용암동에서 상당산성까지 세 시간쯤 걸은 적이 있다. 갈증을 달래려고 산성동 어느 막걸리집에서 대포 두 잔을 마시고 희한한 경험을 했다. 버스를 타고 굽이굽이 산성길을 내려오는데 온 세상이 모두 보랏빛으로 반짝이는 것이다. 길가의 나뭇가지, 사람들의 등산 모자에 보랏빛 별이 붙어 반짝거렸다. 정류장에 내려서도 정신은 점점 더 또렷해지는데 눈에 보이는 것은 갈피를 잡을 수 없을 만큼 보랏빛으로 흔들렸다. 그날의 막걸리에는 아무래도 순수하지 못한 성분이 섞였던 모양이다.

막걸리 맛은 아무리 고급스러워도 전통을 잃어버리면 안 된다. 가장 막걸리다운 맛이 가장 좋은 막걸리가 아닐까? 누룩에 의한 자연 발효로만 향을 내기는 참으로 어렵다고 한다. 그러나 섣불리 와인 흉내를 내려고 인공 감미료를 첨가했다가는 막걸리도 와인도 아닌 것이 된다. 온 세상을 허영의 보랏빛으로 만드는 것은 겨레의 얼을 그렇게 만드는 것이다. 김치가 제맛을 지탱해서 '기무치'를 꺾었듯이 막걸리도 정체성이 흔들려서는 안 된다. 막걸리 특유의 오미五味와 누룩 향을 지켜야 한다. 그래야 살아있는 술이다.

어느 해인가 히트 상품으로 막걸리가 1위를 차지했다고 한다. 막걸리 전성시대가 다가온 것이다. 판매량도 위스키와 와인을 누르고 맥주 판매량에 육박했다고 한다. 반가운 일이 아닐 수 없다. 그러니 양조 사업을 하는 이들이 막걸리에 눈을 돌리는 것도 무리는 아니다. 그해 막걸리 붐을 타고 어느 경제 전문 일간지가 막걸리 품평회를 열었다고 한다. 별 희한한 품평회도 다 있다고 생각했는데 기대보다 훨씬 성황을 이루었다고 한다. 출품된 막걸리도 다양했고 맛의 수준도 대단했다고 한다. 또 국내의 전통 주조 기업의 경영자나 양조 연구자들이 대거 참석했다고 한다. 막걸리 시음하는 사진을 보니 자못 진지한 표정이다.

약삭빠른 일본은 우리나라에서 이름 있는 '포천이동막걸리'를 이미 상표로 등록했다고 한다. 문화를 상품화하는 것도 사실은 우리의 자존감을 지켜나가는 한 방편이다. 최근에 한국문화의 우수성이 입증되자 우리의 음식, 옷, 영화, 예술, 한글 등이 세계에서 환영받기 시작했다. 어떤 문화가 고급스럽게 보이면, 그 문화의 산물까지도 고급스러워 보이게 마련이다.

그런데 세계로 뻗어나가는 막걸리 문화를 일본에 빼앗기는 것 같아 안타깝다.

자식 덕분에 모처럼 젊은 날의 향수에 젖어본다. 한잔 더 마시며 맛을 음미한다. 오미五味를 잃지 않았으면서도 깔끔하고 상쾌한 맛에 마음마저 한결 들뜨는 기분이다. 이 정도면 그간 소주에 빼앗긴 술에 대한 미각을 되돌리고, 젊은 날의 낭만이 되살아날 수도 있을 것만 같다. '코냑'이나 '보드카'처럼 우리 술 이름인 '막걸리'가 지구촌 애주가들의 기억에 남는 단어가 되는 새로운 술 문화 시대가 바로 코앞에 와 있다고 해도 충분할 것 같다.

(2015. 2.)

고추장

 이번 여행에도 아내는 고추장만은 꼭 챙기리라 벼르고 있다. 해외여행을 가는 사람들은 고추장을 꼭 챙긴다. 특히 중국 여행을 가는 사람의 배낭에는 대개 고추장이 들어 있다. 느끼한 중국 음식은 칼칼한 맛을 좋아하는 우리 입맛에 맞지 않기 때문이다. 실제로 고추장은 현지 식탁에서 인기가 높다. 외국 여행이 아니라도 우리 식탁에서 빠질 수 없는 것이 고추장이다. 그래서 한국의 여인들은 고추장 담그기에 정성을 다한다. 그래서 장맛을 보면 그 집안 분위기를 알 수 있다는 말까지 생겨났다.
 몇 해 전, 첫 근친을 다녀온 며느리가 이바지 음식과 함께 항아리 두 개를 내놓았다. 하나는 된장 항아리이고 다른 하나는 고추장 항아리이다. 아내가 고추장 항아리를 열었다. 형광등 불빛에 고추장 빛깔이 잘 익은 앵두알처럼 곱다. 붉은 듯 검기도 하고, 검은 듯 붉기도 하다. 표현할 수조차 없는 향기가 방 안에 가득 퍼진다. 아내가 젓가락으로 찍어 입에 넣어준다. 혀 밑바닥까지 감응하는 매콤하고 달달한 맛이 황홀하다. 마음까지 평온해진다. 푸르고 맑은 옥천의 하늘빛과 싱그러운 산야가 눈앞에 선하다. 화목한 마을 인심까지 항아리에 쓸어 담아 온 듯하다.

상견례를 하고 혼례식이 있기까지 짧은 기간에 양가의 어머니들이 옥천에서 만났다. 두 어머니들이 만나 밥만 먹은 것이 아니라, 사부인의 성화로 사돈댁에까지 다녀왔다. 그때도 고추장을 얻어 왔다. 아마도 도시에 사는 여자들은 장 담그는 법을 모르는 것으로 생각하셨나 보다. 아니면 '나는 딸을 이런 맛으로 키웠소.'라는 자부심이었는지도 모른다. 아내는 우리도 고추장 된장을 담가 먹으니 걱정하지 말라는 말을 하지 않고 그냥 주는 대로 넙죽 받아 온 것이다. 정갈한 장독대가 욕심났을 것이다. 티끌 하나 없는 햇살을 받은 사무치게 고운 고추장 빛깔이나 정성이 탐이 났을 것이다.

웬만한 정성으로는 이렇게 빛깔 곱고 향기로운 고추장을 만들어 내기 어려운 일이라는 것을 나는 잘 안다. 우선 고추가 좋아야 한다. 고추는 알맞게 붉었을 때 조심스럽게 따야 한다. 고추를 딸 때 꼭지가 떨어져도 안 되고, 지나치게 거칠게 힘을 줘서 무르게 해도 안 된다. 태양초라는 말을 쉽게 하지만 순수한 한여름 땡볕만 쪼이기는 결코 쉬운 일이 아니다. 잠깐 딴전을 부리면 소나기를 맞히고 해찰을 떨면 곯아서 희아리가 된다. 그러면 검붉은 고추장 색깔을 내기 어렵다. 메주도 깨끗하게 띄워야 고추장에서 애먼 냄새가 나지 않는다. 잘 기른 엿기름으로 찹쌀밥을 삭혀야 깐작깐작한 질감이 남는다. 밥을 삭힐 때 그야말로 지어지선止於至善해야 시큼한 맛을 피할 수 있다. 천일염으로 간을 잘 맞추어야 하는 것은 물론이다. 이 모두가 최선에 머물러야 조화를 이루어 제맛을 내게 된다. 어느 하나라도 미흡하거나 지나치면 맛을 버리게 된다. 모두가 한국 여인의 섬세한 손끝에서 나오는 맛이다. 문자 그대로 한국 여인의 손맛이다.

우리 내외는 아내가 담근 고추장을 밀어놓고 사부인께서 보내주신 고추장을 상에 올린다. 아내의 고추장도 맛이 떨어지는 건 아니지만 어떻게 따를 수가 있겠는가? 분꽃이 피는 시간에 보리쌀 안쳐 밥을 짓고, 장독대에 맨드라미랑 봉숭아꽃을 피워 정갈한 볕만으로 숙성시킨 태양초 고추장 맛을 어떻게 따르겠는가? 고추장 맛을 볼 때마다 며느리와 마주 앉은 착각에 빠진다. 얼굴에 미소가 가득하다. 시골의 맑은 햇살이 입안에 가득하다. 그때마다 향수의 고향 옥천 실개천 물바람이 불어온다. 싱그러운 산야의 향기가 돈다. 얼룩배기 황소의 게으른 울음이 들려온다.

딸을 낳아 길러본 사람은 알지. 딸이 대문을 나설 때마다 느끼는 조마로운 마음을 말이다. 누구나 딸을 낳으면 가슴이 철렁 내려앉는다고 한다. 얼마나 걱정이 되었으면 첫딸은 살림 밑천이라고 반어적으로 위로하는 말이 생겨났을까. 딸이 대문을 나서는 것만으로도 조마로운 일인데 출가하여 남의 가족으로 가버릴 때 어미의 마음은 어떠할까? 나도 내 딸을 시집보낼 생각을 하면 가슴이 저려온다. 그러니 자식 사랑을 본능으로 타고났다는 어머니의 마음은 과연 어떠할까? 환갑을 넘었어도 남자로 살아온 나는 어머니의 마음을 이해할 재간이 없다. 며느리가 시집오던 날 혼례식이 끝날 때까지 흘러내리는 눈물을 갈무리하느라 천장만 쳐다보던 사부인의 모습을 다시 떠올린다. 나는 그때마다 아내 얼굴을 돌아보았다. 새 식구를 맞는 기쁨으로 가득 차 있는 얼굴이 민망했다.

살림 밑천인 맏딸을 길러낼 때, 고추를 다듬듯이 씻고 가다듬고, 엿기름을 기르듯이, 동녘에서 막 돌아오는 봄 햇살을 놓칠까 밤이슬에 젖을까 노심초사, 항아리를 닦고 덮개를 열고 닫고 쓰다듬고 매만져서 정갈한 장독대를 가꾸듯이 온갖 정성을 다했을 것이다. 고추장 맛보다 더 행그럽고 더 달큰하고 더 매콤하고 더 고운 맏따님을 길러내는 정성을 어찌 고추장 담그기에 비기겠는가?

그 댁의 귀한 맏따님은 이제 막 삶의 오르막 내리막을 터득하게 되었고, 따라서 어머니의 속마음도 이해하여 동무가 될 만큼 성숙했는데 내 며느리가 되어버렸다. 아니 내 며느리로

앗아 왔다. 나는 그날 그분의 모든 것을 도둑질해 오는 것만큼이나 스스로 발이 저렸다.

  사부인께서는 올해도 잊지 않고 태양초 고추장을 보내 주셨다. 착한 며느리를 맞은 아내는 이제 고추장 담그는 어려움에서도 벗어났다. 새로 담근 햇고추장에 보리밥을 비벼 먹으면서 황홀한 맛의 행복에 혼례식 날 언뜻 보인 사부인의 눈시울이 겹쳐오는 걸 어찌할 수 없다.

(2016. 9.)

된장이나 끼리쥬

"저녁이는 멀 해 먹을겨?"

"장이나 끼리쥬."

"그려 토장이나 끼러가꾸 짠지 찌져 늫구서 꼬치장에 쓱쓱 비벼 먹능기 질루 낫지. 시상이 토장만 한 게 머가 있겠어."

끼니때만 되믄 마누라넌 걱정이 끝이 읎유. 그르키 또래 토장이 읎으믄 안 되능겨. 마누라 토장 끼리넌 솜씨럴 따라올 아낙언 시상이 읎을겨. 일단 토장 맛이 일품이니께.

우리 집 된장으로 말할 것 같으믄 일단 미주 쑤는 콩이 보통이 아니니께. 옥천 사둔이 직접 미주콩 농사를 져가꾸 손수 콩을 쒀서 미주를 깨깟하게 띠우니 워떻것슈? 사부인께서 장얼 당궈 주신다구 하는디두 굳이 미주를 가꾸와서 직접 당구는 것두 또 뜻이 있더라구유. 미주 띠워 주는 사부인 어리움도 어리움이지만 돌아가신 엄니한티 전수받은 방법이 있으니께 그대루 당궈야 식구덜 입에 맞을 거 아닝개배. 안 그류? 그 대신 꼬치장은 공기 맑고 햇기 밝은 사둔네 장꽝에서 뵐얼 실컷 쪼

여설랑 반짝반짝 윤기가 흘를 때꺼정 됐다가 지대로 익으면 가꾸 오지유. 아파트 베란다서 당궜어도 엄니한티 전수 받었으니 그 맛이 워떻것슈. 아파트라 벹얼 잘 못 봐서 그런지 지 맛이 들라면 한해럴 더 뭐혀야 뎌유. 당년에 먹으믄 약간 떫따롬하걸랑유. 아무튼 내가 워낙 토장 귀신이니께 아내가 어려움얼 마다않고 해마담 식량마냥 장을 당구지유. 나야 머 고마울 뿐이쥬. 언제꺼정 먹을 수 있을런지. 죽으믄 '아무개 밥숟갈 놨다'구 하잖유. 밥숟갈 놀 때꺼정 먹을 수 있을규.

"멀 늫구 끼려유? 짠지 늫구 끼려유, 애호박 늫구 끼려유. 멜치 육수는 내 놨으니께 말만 해유."

"아이 뭐 재주껏 끼려 봐. 장 끼리는 솜씨야 누가 따러 가겄어."

"그럼 씨래기나 늫구 끼릴께유."

"그려 여름이는 새곰새곰한 열무짐치 늫구 끼리면 지맛이 나지만서두 지금이야 머 열무짐치가 있어야지. 예전이는 진잎짐치를 늫구 끼리면 그 맛도 먹을만 했는디. 씨래기면 그만이지."

"열무짐치도 읎구 진잎짐치도 읎으니 머 워트캬. 그냥 씨래기나 늫구 끼릴께유. 풋꼬추나 즘 늫구."

"그려 그만해두 좋지. 꼬치장 쬐끔 늫는 것두 잊어뿌리지 말구."

"그런디 당신언 왜 토장이믄 그만유? 입맛두 참 이상시러워."

"토장 존 거 몰러서 그랴? 예전이는 화릿불에다 먹다 냉긴

된장이나 끼리쥬 · 255

장투가리를 올려 노먼 죙일 끓다가 짜그라 붙으먼 구슴하고도 짭짜롬한 그 맛이 워땠는디 그랴."

 토장이건 꼬치장이건 지랑물이건 장에는 덕이 있능거 몰러유? 된장 오덕五德이라능규. 사램이 된장만큼만 덕을 지니면 공자님보담두 더한 승인 군자가 되능규.

 생각해 봐유. 된장은 말유 어떤 음식에 느두 지맛을 잃어뿌리지 않는다니께유. 아니 외려 다른 먹거리덜이 지맛을 지대로 낼 수 있게 북돋워 주맨서두 토장언 지맛은 잃어뻔지지 않으니 춘향이보담두 더한 일편단심一片丹心이지유. 봐유. 비린 거로 찌개를 끼릴 때두 된장을 콩알만큼만 떠 느먼 비린 맛은 읎어지구 생선에 짚은 맛을 살려내잖유. 몰렀슈? 아니 그것도 몰르맨서 워티키 부엌살림얼 했댜아.

 또 있슈. 된장은 암만 오래두고 먹어도 벤하덜 안하능규. 아 왜 보은 선씨네인가 그 집에는 백 년도 더 묵은 씨간장이 있다잖유. 지랑물 말유. 지랑물이 뭐유. 토장에서 나온 거 아뉴? 그래서 된장을 우리 마을에서는 토장이라구 하잖유. 한 번 마음 주믄 벤할 줄 몰르는 행심恒心이랄까. 우리네 심성도 토장마냥 그렇잖유. 토장 먹어 그런개벼.

 돼지괴기 궈 먹을 때 된장을 찍어 먹어야 지맛이 나쥬. 널찍한 부루 한 장얼 손바닥에 올려놔유. 거기다가 밥 한 숟갈 놓고 돼지괴기 한 쪼각얼 척 걸쳐 놓구설랑 풋꼬추랑 생마늘로 치장얼 해유. 그르카구 노르스름한 토장얼 괴기에 발라가지구 부루쌈얼 꼭꼭 예며설랑 눈깔이 뒤집어지고 볼팅이가 며지게 우기적우기적 씹어 봐유. 돼지괴기 씹힐 때보담두 토장이 셋바닥에 묻어날 때 을마나 개운한가. 이르키 된장언 괴기 비린 맛을 씻어 준다니께유. 인간덜의 지름진 욕망얼 깨끗하게 씻쳐 주니 그기 부처님 맘이지 머것슈. 불심佛心이란 말유. 무슨 괴기든지 괴기를 먹고 된장얼 먹어봐유. 입안이 개운하쥬. 부처님 마음 같은 된장이 아닝개뷰.

또 있슈. 승인만치 큰 토장의 덕 말유. 매운 꼬추 먹을 때 머찍어 먹어유. 꼬치장 아니믄 토장이쥬. 매운디두 매운 꼬치장을 찍으면 들 맵구 토장을 찍으면 더 안 맵구 그렇잖유. 이거 다 토장이 꼬추의 매운 맛얼 다시려서 그렇다니께유. 된장의 선심善心이라 해두 되것쥬. 옛 승인들 말씀마냥 선을 권하는 덕업상권德業相勸이쥬. 안 그류?

일본 가니께 미소 돈가스라능게 있대유. 돈가스럴 된장국하고 먹더라구요. 왜늠덜 된장이 우리 된장얼 워티기 따러 오겄슈. 그런디 갸덜두 괴기럴 된장이랑 먹으먼 개운하다능 걸 알대유. 그런디 서양 음식인 햄버거나 피자도 콩나물된장국이랑 먹으니께 어울리던디유. 아이덜 말루다가 환상의 짝꿍이더라구요. 솔직히 지는 피자가 별룬디 된장이랑 먹으니께 그냥 먹것던디유. 밍밍한 왜식이나 지름진 양식하고도 어울리니 음식 중에 토장이 왕초유. 덕이 있단 말이쥬. 그려두 지맛은 안 잊어뿌리걸랑유. 된장은 워디꺼정이나 된장인규. 화이부동和而不同 아니것어유.

저녁 다 됐내뷰. 된장 자랑하다 보니께 온 집안에 된장 냄새 네유. 된장얼 끼렸으니께 비벼 먹으면 돼유.

저녁인디 늙어가믄서 내외간에 몸 비빌 일언 읎으니께 토장 같은 맘이나 비비지유 머. 된장마냥 단심丹心, 항심恒心, 불심佛心, 선심善心, 화심和心 이루다가 말유.

(2019. 2.)

죽

 아내가 저녁으로 콩나물죽을 끓였다. 오랜만이다. 목감기로 고생하는 남편에 대한 배려이다. 한술 떠보았다. 된장을 덜 풀고 고춧가루를 조금 더 넣었으면 칼칼한 맛이 더 진했을 것 같다. 그래도 콩나물이 많이 들어가서 구수했다. 뜨거운 죽을 한 숟가락 가득 떠서 후후 불어 입에 넣어 보았다. 깔깔했던 목이 확 뚫리는 기분이다. 식도를 타고 뜨겁게 흘러내리면서 니글니글한 기름기까지 개운하게 씻어 내려가는 듯하다. 잃어버린 입맛에는 콩나물죽이 약이구나. 죽은 치유이다.

 구수하고 개운한 콩나물 맛으로 먹으면서도 죽사발을 휘저으면서 쌀알을 찾는다. 잠재된 습관이 이토록 오래 간다. 죽도 보릿고개도 참 지겨웠다. 조반석죽朝飯夕粥도 호화롭게 생각되던 시절이다. 아침에는 밥을 먹고 점심은 거르고 저녁은 으레 죽으로 에끼는 살림살이는 온 동네가 다 마찬가지였다. 점심때부터 기다린 저녁을 죽 한 대접으로 때우고 나면 바로 배가 고팠다. 밤중에 날고구마를 깎아 먹으면 생목이 오르고, 무를 깎아 먹으면 방귀가 수없이 나오고 금방 배가 고팠다. 그래도 콩나물죽은 고급이다. 콩나물죽은 때깔부터 달랐다. 굳이 쌀 알갱이를 찾지 않아도 되었다.

 콩나물죽 말고 무죽도 골을 부리지 않고 먹은 것 같다. 양은솥에 들기름을 두르고 무를 칼치기로 삐져 넣어 달달 볶은 다음 쌀을 조금 넣고 끓여낸 것이 무죽이다. 무가 반 쌀이 반이었다. 쌀이 부족할 때는 여기에 수제비를 떠 넣었다. 죽사발을 휘휘 저으며 수제비 보물을 건져낸다. 쌀 알갱이보다 수제비가 더 흐뭇했다. 아버지는 고춧가루를 잔뜩 풀어 '아하 아하' 하면서 맛을 과장하셨다. 지금 생각하니 할머니께 저녁마다 죽을 드리는 마음이 얼마나 아팠을까 짐작이 간다.

 1960년대 초, 두 차례의 정변이 있은 후 집안은 더 어려워져서 콩나물죽이나 무죽도 쉽지 않았다. 그때 먹은 것이 시래기죽이나 아욱죽이다. 아욱죽은 여린 아욱을 뜯어 손으로 박박 문질러서 숨을 죽인 다음 된장을 풀어 쌀과 함께 끓여낸다. 된장 냄새 속에 내게는 참으로 견디기 힘든 아욱 냄새가 얹혀 있어 숟가락을 들기도 싫었다. 색깔조차 거무튀튀하다. 아욱 대궁은 먹을 때마다 미끄덩거렸다. 때로 남은 씨감자 껍질을 벗겨 썩은 부분을 도려내고 도막 쳐서 넣었는데 감자만 골라 먹기도 했다. 아릿한 맛이 남아 있어서 수제비만은 못해도 미끄덩거리는 아욱 줄기보다는 나았다. 이렇게 지겨운 아욱죽을 콩나물죽이나 무죽보다 더 자주 먹은 것 같다. 시래기죽도 마찬가지이다.

　콩나물죽, 무죽, 아욱죽, 시래기죽보다 최악인 것은 밀기울죽이다. 이름 그대로 짐승에게나 먹이는 밀기울로 죽을 쑤어 사람이 먹는 것이다. 우리 집은 그래도 형편이 나아서 밀기울죽을 자주 먹지는 않았으나 마을에는 그것만으로 끼니를 에끼는 집도 많았다. 죽으로 크면서 골을 부렸지만 우리는 모두 그렇게 사는 것을 당연한 일로 생각하였다. 좌절하지 않고 기죽지도 않고 공부를 놓지도 않았다. 막막하지만 죽을 먹지 않고 살 수 있는 날을 기다리기도 했다. 할머니는 공부를 열심히 하면 쌀밥을 먹을 수 있다고 등을 두들겨 주었지만 그냥 할머니 말씀으로 들었다.

　여름방학 때 고모 집에 놀러 갔는데 점심에도 하얀 쌀밥을 먹었다. 호박전이나 호박새우젓국을 반찬으로 쌀밥을 먹을 때 그 부드러운 맛을 잊을 수가 없다. 고모부가 '밥을 뜨라' 하고는 숯불에 구운 고등어자반 한 점을 밥에 올려주셨다. 외갓집에 가도 역시 하얀 쌀밥을 먹었다. 외삼촌이 딴 상에서 드시고 내가 외할아버지랑 겸상으로 먹었는데 밥을 뜨면 할아버지가 조기젓 한 젓가락을 밥 위에 얹어주셨다. 그때 참 궁금한 것은 고모네나 외갓집은 어떻게 여름에도 쌀밥을 먹을 수 있을까 하는 것이었다. 외삼촌은 궁금한 나를 토광으로 데려가셨다.

커다란 토광에는 우케가 하나 가득 들어 있었다. 삼촌은 네가 공부를 열심히 하면 쌀밥을 먹을 수 있다고 할머니 같은 말씀을 하셨다. 나는 막연한 꿈을 가지면서도 엄마가 불쌍했다. 그냥 외갓집에서 살았으면 엄마도 쌀밥을 먹고 식구들 밥걱정을 하지 않아도 되었을 것이다. 외할아버지 외할머니는 따님인 엄마가 얼마나 안쓰러웠을까.

 기를 쓰고 공부를 한 것도 아닌데 열대여섯 살쯤 되었을 때는 죽을 먹거나 점심을 굶지 않아도 되었다. 그건 온 마을이 마찬가지였다. 1970년대로 들어서니까 여름에도 쌀밥을 먹게 되었다. 쌀밥이 절실하게 그리운 누군가 열심히 일을 한 덕이었을 것이다. 자신뿐 아니라 온 나라 사람살이를 고심했을 그분의 간절한 소망이 이루어진 것이다.

 인제 죽은 구황이 아니라 치유로 먹는다. 아직도 먹기 싫은 아욱죽은 안 먹어도 된다. 콩나물죽을 먹고 싶으면 콩나물죽을 먹고, 무죽에 수제비를 넣어 먹고 싶으면 그리하면 된다. 거리에는 죽 전문점도 생겼다. 아침에 쌀을 불려 들깨죽을 쑤어 먹으면 속이 편안하고 마음까지 개운해진다. 저녁에 죽을 먹으면 속이 편하고 아침이 가뿐하다. 몸이 가벼우면 마음까지 가벼워진다. 죽은 영혼까지 치유하는 고급 음식이 되었다. 죽은 이제 배고픔을 해결하는 요기療飢의 음식이 아니다. 몸과 마음이 가뿐해지는 치유治癒의 음식이 되었다.

콩나물죽을 맛나게 먹고 나니 죽이 없는 세상으로 건너가신 어머니, 할머니가 그립다.

(2023. 7.)

닭

 삼계탕이 배달되었다. 여름감기로 입맛을 잃은 시부모를 위해서 며느리가 보냈단다. 뚜껑 있는 플라스틱 그릇에 담아서 아직도 뜨겁다. 백김치, 깍두기, 파 송송, 후추소금까지 정갈하다. 새로 담근 열무김치를 꺼냈다. 동치미무가 있었으면 금상첨화겠다. 아삭아삭 풋고추도 내놓았다. 상은 금방 차려진다. 아내가 다른 그릇에 다시 담아 먹자고 하는 걸 그대로 먹자고 했다. 내게는 격식을 차릴 겨를이 없다.

 우선 김칫국물을 한 숟가락 떴다. 입안이 얼얼하다. 이 순간을 기다리며 목욕재계하고 얌전하게 엎드린 닭님을 뒤집어 상면했다. 젓가락으로 찍어 가르기에는 등짝이 너무 여리다. 이미 반쯤 갈라진 배를 열었다. 찰밥 덩어리가 얌전히 좌정하였다. 대추, 밤을 건져 잔반통으로 보냈다. 쓴맛은 빨아들이고 단맛을 내보냈으니 제 할 일은 다 했다. 파 송송을 국물에 확 뿌렸다. 그래야 국물이 향기롭다. 시원하다. 구수하다. 깔끔하다. 계륵이 이렇게까지 맛이 있었나 되물어 본다. 열일곱 살

때 할머니 장례를 모시고 나서 사나흘쯤 오지게 앓아누운 적이 있었다. 그때 엄마가 잡지 못하는 닭을 큰형이 잡아주어 고아 먹고 바로 일어났던 기억이 났다. 닭님은 헤매고 있는 낡은 입맛을 바로 불러들였다.

닭은 신이다. 이른바 신라의 '계신鷄神'이란 말이 이를 증명한다. 뜨거운 국물이 부어올랐던 목구멍을 부드럽게 달래고, 한 숟가락 찰밥이 가래를 삭였다. 콧물이 마르자 얼굴이 보송보송해졌다. 기침까지 멎었다. 2킬로그램이나 빠진 몸이 바로 회복될 것 같았다. 뼈에 붙은 한 점 살까지 다 빨아먹었다. '그대를 치료하는 분은 닭님입니다.' 닭은 오늘 내 육신의 신이다.

닭은 시작의 신이다. 닭은 하늘과 땅이 열리는 시작을 알려준다. 천지개벽의 신이다. '까마득한 날에/ 하늘이 처음 열리고/ 어데 닭 우는 소리 들렸으랴.' 육사의 시가 아니라도 닭은 지금도 새벽을 알린다. 새벽이 되면 닭은 청주에서도 울고 제주에서도 운다. 인도에서도 울고, 유럽에서도 닭이 울어 새벽을 부른다. 어머니는 닭 울음을 듣고 가마솥에 불을 지폈다. 새벽밥을 먹고 학교에 가고 일터로 출근했다. 사람들은 닭 울음으로 하루를 준비한다. 역사는 계명鷄鳴으로 시작된다.

신라는 닭으로 시작되었기에 '계림鷄林'이라고 했다. 알로 태어난 박혁거세가 탄생한 우물을 나정 또는 계정鷄井이라 했고, 왕비는 알영정閼英井가 계룡鷄龍에게서 태어났다고 신화는 전한다. 김알지 탄생 신화에도 자줏빛 구름 가운데 황금궤짝이 내려올 때 흰 닭이 울었다고 전한다. 닭은 시작과 탄생의 신이다. 닭은 신라인의 정체성이다.

닭은 우리 민족의 정체성을 상징한다. 신라, 고구려, 마한, 가야가 모두 닭을 신성시했던 것으로 보인다. 경남 고성군의 3~4세기 고분군 근처 제사 터에서는 닭 모양 청동기가 출토되었다. 닭벼슬 모양의 새 두 마리가 마주 보고 있는 장식이 달려 있다. 마한의 중심지로 추정되는 전남 영암에서도 같은 장식의 청동기가 출토되었다. 토기나 청동기에 닭을 형상한 장식이 보이는 것은 민족의 공동심의를 반영한 것이다. 특히 이러한 유물을 무덤에 함께 묻는 것은 내세의 영생을 기원하는 마음이 담긴 것이다. 닭은 탄생과 시작의 신이기도 하지만 내세로 가는 문을 열어주는 죽음과 영원의 신이기도 하다.

우리나라 남부 지방의 닭을 신성시하는 심의는 일본까지 전해진 것 같다. 규슈 지방의 무덤에서 우리나라 남부 지방에서 발견되는 것과 비슷한 유물이 출토되었다고 한다. 이러한 사실은 죽음 이후에는 닭이 정령을 관장할 것이라는 사유가 반영된 것이다. 이만큼 닭을 신성시한 것이다.

마을의 수호신으로 여겨서 마을 어귀에 세웠던 솟대에는 새가 소망을 하늘에 전해줄 것이라는 믿음이 담겨 있다. 높은 장대 꼭대기 세 갈래 가지에 세 마리의 새를 앉혔다. 이 새를 봉

鳳이라고 하지만 사람들과 가장 가까이 사는 닭으로 생각할 수 있다. 새가 사람들과 함께 살면서 하늘을 날아다니므로 하늘에 인간의 소망을 전할 수 있을 것이라고 믿었던 것이다. 사람들은 가장 가까이 사는 닭을 조류를 대표한다고 믿는다.

새는 인간의 정령을 하늘로 실어 나를 수 있다고 믿었나 보다. 티베트 지방의 조장鳥葬 풍습은 시신을 해체하여 독수리나 까마귀에게 먹이로 주는 장례 제도이다. 새가 인간의 영혼을 싣고 하늘로 날아오른다고 생각했을 것이다. 일본 신사의 입구의 문 역할을 하는 '도리이'는 새의 날개 모양을 형상한 것으로 보인다. 죽은 사람이 천상으로 비상하기를 바라는 심사가 담겨 있다.

닭을 신성하게 여기는 전통은 인간사와 함께한다. 혼인식에서도 암탉과 수탉을 상 위에서 마주 보게 한다. 닭이 복을 부른다는 의미이다. 길한 곳에 쓰이는 장식품에는 닭이 등장한다. 제사에도 반드시 닭을 제물로 쓴다. 닭은 새벽을 부르는 길조이고 마귀를 쫓아내는 영물이고, 복을 부를 뿐 아니라 죽음 이후에는 하늘로 영혼을 실어 나르는 사자이다.

초복이 내일모레다. 삼계탕집에서 수많은 닭이 희생될 것이다. 소망을 들어주거나 영혼을 하늘에 실어 나르던 정령의 신에서 먹거리의 신이 된 것이다. 삼계탕, 닭찜, 파닭, 닭볶음탕, 닭갈비가 되어 사람들에게 육신의 에너지를 보충해 준다.

튀김닭을 안주로 맥주를 마시는 '치맥'은 세계인을 우리나라로 불러들이는 한류 문화의 신이 되었다.

  며느리가 보내준 삼계탕 한 마리로 소진했던 기운이 살아나는 듯하다. 닭은 인간의 소망을 하늘에 이어주는 신성한 신의 모습에서 이제는 육신을 보하는 치유의 신이 되었다.

(2023. 7.)

조롱박꽃 피는 사연

새벽 6시쯤 주중리에 갔다. 벌써 볕이 뜨겁다.

오늘은 조롱박꽃을 보았다. 야산 비알에 있는 블루베리밭에 고라니 침입을 막으려고 쳐놓은 그물 담장에 덩굴을 걸어 놓고 다만 몇 송이가 피었다.

박꽃은 초가지붕에 달빛을 받으며 피어야 제멋이라는 고정관념으로부터 벗어나야겠다. 이렇게 피어 있어도 새벽하늘보다 처절하게 하얗다. 하얀 꽃잎 다섯이 다소곳하다. 다섯 꽃잎을 하나로 겹치면 한 잎으로 보일 만큼 크기도 모양도 닮았다. 화심은 연한 노란색이다. 수꽃은 수술을 지니고 암꽃은 암술을 지녔다. 수술은 하나가 불끈 솟았고 암술은 세 쪽이 가운데가 갈라진 모습이 똑같다. 호박꽃도 그렇고 박꽃도 그렇고 수술은 수컷 모양이고, 암술은 암컷 모양이다. 꽃은 식물의 생식기이다. 사람은 생식기를 부끄럽다고 감추는데, 꽃은 제 몸에서 제일 예쁘게 꾸미고 가장 잘 보이는 곳에 자리 잡고 피어난다. 그래도 꽃이나 고라니나 나아가 사람이나 닮아 있는 모습이 신비스럽다. 그러고 보면 인류라고 하는 개체가 꽃이나 고라니보다 잘났다 할 것도 없다. 생태계를 이루고 있는 것들은 하나하나 모두 한 가지일 따름이다.

저기 저 수술의 꽃가루가 암술에 닿는 순간 암술은 진저리를 한번 치고 꽃 아래 어린 조롱박은 오진 아픔을 겪을 것이다. 아픔을 견디어낸 조롱박은 날마다 연두색을 더하여 제가 클 만큼 커서 익어갈 것이다.

이미 가루받이를 끝낸 조롱박은 큰놈이 하나 작은놈이 하나 여린 덩굴에 매달려 있다. 작은놈은 잎사귀 뒤에 숨었다. 아침 햇살에 연두색 윤기가 자연 그대로이다. 조롱박은 엄살을 피우지 않고 아무리 볕이 뜨거워도 클 만큼 크고, 아무리 가물어도 제 색깔을 낸다. 자연을 원망하지도 사람을 탓하지도 않는다. 제가 그냥 자연인 걸로 생각하는 모양이다. 사람보다 깊은 철인哲人이다.

조롱박은 요즘은 그냥 액세서리 노릇밖에 못 한다. 예전에는 생긴 대로 쓰임새가 다 있었다. 커다란 박은 바가지로, 조롱박은 조롱박으로 씨오쟁이 대신도 되고 간장 종그래기가 되기도 했다. 그렇게 사람과 함께 사는 쓰임새가 있었다. 요즘처럼 귀염받는 액세서리는 아니었다.

초가지붕에 서리가 하얗게 내리면 박을 딴다. 익은 박은 톱으로 켜서 박속을 발라내고 가마솥에 삶았다. 삶은 박을 식혀서 달챙이로 껍질을 박박 벗겨내면 노란 바가지가 되었다. 덜 익은 박은 썰어 말려 박고지를 만들거나 박국을 끓여 먹었다. 무국보다 구수하고 호박국보다 옅은 맛을 지금도 잊을 수 없다. 노각을 저며 끓인 노각국보다 더 맑고 깔밋했다. 모내기를 하거나 논매기 두레가 열리는 날 한 마흔 명쯤 되는 일꾼들과 들에서 바가지에 국밥을 나누어 먹던 일이 그림처럼 눈에 선하다. 박은 그렇게 사람의 살림이 되고 살이에 한몫했다. 사람이 박을 기르고 박이 사람의 일용이 되었다.

지금은 박을 톱으로 켜서 바가지를 만들어 쓰는 사람도 드물고, 박고지를 반찬으로 먹는 사람도 드물다. 박속을 끓여 먹거나 한가위 날 탕국으로 박국을 끓여 먹는 집도 드물 것이다. 바로 내 어린 시절로 반세기만 거슬러 올라가면 예사로 알았던 박에 대한 추억이다. 나는 송편 한 잎 베어 물고 박국 한 술 떠먹던 감미로움이 혀의 기억에 배어 아직도 남아 있다. 그런데도 오늘의 박은 제 노릇을 못하고 있으니 신세가 참 처량하게 된 것이다.

『삼국사기』에 '진한 사람들은 박[瓠]을 朴이라 부르는데, 처음에 큰 알이 마치 박과 같았던 까닭에 朴을 성으로 삼았다.[辰人謂瓠爲朴 以初大卵如瓠 故以朴爲姓]'라고 한 것으로 보아 박이 신라 때도 있었던 것이 분명하다. (三國史記 卷第一 新羅本紀 第一赫居世 居西干) 그렇다면 신라 때부터 바가지를 쓰고 박국을 먹은 우리 민족의 생활문화가 내가 기억할 수 있는 바로 그날까지 계속되다가 없어진 것이 아닌가. 참으로 안타까운 일이다. 이 시대를 살고 있는 사람들의 책임이다. 이제 조롱박이 공예의 재료로 더 고급스러운 예술품이 되어 다시 태어나는 것으로 위안을 삼을 수밖에 없다. 그런데 웬일인지 박에게는 참 미안하다.

   박꽃은 내가 추억에 잠긴 것을 아는지 모르는지 새하얗게 지쳐가고 있다. 이제 돌아서자. 어제저녁 피어나 밤을 지새웠으니 이제 잠들 때가 되었다. 한 생명이 태어날 때 비밀이 있듯이 저들이 성장함에도 비밀스러운 일이 있을지도 모르는 일이다. 그물망에 매달린 조롱박도 아까보다 조금 더 커다래진 느낌이다.

(2023. 9.)

뿌리뱅이와 흙

뿌리뱅이가 꽃을 피웠다. 공원 잔디밭 경계석 이음매 틈에서 꽃대 서너 줄기를 쑥 뽑아 올리고 노랗게 꽃을 피웠다. 고향 마을에서는 밥보재기라고 불리는 나물이다. 이른 봄 부드럽고 습기가 촉촉한 흙에서 밥보자기만큼이나 널찍하게 땅을 차지한다. 그런데 잔디밭 경계석 이음매나 경계석과 보도블록 틈에서 나와 꽃대를 세우고 노랗게 야들야들한 꽃을 피웠다. 아파트 축대로 쌓은 거대한 자연석 위에서도 여린 꽃을 피웠다. 울퉁불퉁한 바위에 바람으로 날려 쌓인 흙에 뿌리를 내리고 아기 손바닥만 한 밥보재기를 펼치고 꽃대를 세웠다. 한 숟가락도 안 되는 흙에 뿌리를 내린 것이다. 꽃을 피운 그놈의 생태가 신기하고 기특하다.

악착같은 뿌리뱅이도 기특하지만 흙은 더 위대하다. 바위 위에 쌓인 한 줌도 안 되는 흙에 얼마나 많은 생명력을 품었기에 이렇게 꽃을 피워낼까 궁금하다. 흙에는 거름이 있고 물이 있고 너무 뜨겁거나 차가운 기운을 막아 주는 어떤 힘도 있나

보다. 흙이 가지고 있는 상생의 힘은 뿌리뱅이를 살리고 사람을 살리고 만물을 살린다. 흙은 그래서 생명의 근원이다.

뿌리뱅이의 생태를 보면서 오행五行 상생相生 원리를 생각한다. '토생금土生金, 금생수金生水, 수생목水生木, 목생화木生火, 화생토火生土'라는 흙에서 시작해서 트랙을 한 바퀴 돌 듯 온전하게 다시 흙으로 돌아가는 완전 상생의 원리를 떠올린다.

상생의 원리를 보면 다 이루면 결국 다시 자신으로 돌아간다는 원리를 깨닫게 된다. 시인 오세영 님은 그의 시 「모순의 흙」에서 '흙이 되기 위하여/ 흙으로 빚어진/ 모순의 흙, 그릇'이라고 했다. 흙으로 빚었지만 결국은 깨져서 다시 흙으로 돌아가는 모순된 상생의 원리를 말했다. 결국 자신으로 돌아가야 하는 흙과 그릇의 '이룸'과 '무너짐'의 과정이 예사롭지 않다. 그것을 '모순'이라고 지적한 것은 참으로 탁월한 사색이라는 생각이 들었다. 무엇이 '이룸'이고 무엇이 '무너짐'인지 나의 얇은 사유로는 가늠할 수 없다. 시인은 사람도 결국 흙으로 돌아간다는 말을 하고 싶었을 것이다.

오행 상생법의 흙에서 시작해서 흙으로 돌아가는 일반적 법칙을 억지라고 생각하는 사람도 있을 것이다. 예를 들어 '금생수金生水, 수생목水生木, 목생화木生火, 화생토火生土, 토생금土生金'이면 어떠냐고 우길 수도 있을 것이니까 말이다. 그러나 금金, 수水, 목木, 화火, 토土 중에서 만물은 쇠가 아니라 흙으로 이루어진 대지가 품어 안고 있지 않은가.

흙이 다른 모든 것을 한 울로 안고 있다는 사고는 훈민정음 제자 원리에서도 찾아볼 수 있다. 훈민정음 제자 원리에서는 '순음脣音' 계열인 'ㅁ, ㅂ, ㅍ'을 '토성土性'으로 설명한다. 입술이 모든 조음기관을 머금고 있는 것은 흙이 만물은 안고 있는 것과 같은 원리라고 설명하였다. 그러면서 목구멍소리를 '수水', 어금닛소리를 '목木', 잇소리를 '금金', 혓소리를 '화火'로 그 소리의 느낌과 견주어서 설명하였다. 입이 모든 조음기관을 포함하고 있다는 사실에서 이 역시 탁월한 사고이다.

흙의 모순은 결국 흙이 되기 위하여 그릇으로 빚어진다는 것이다. 흙을 이기고 다지고, 두드리고 주물러서 만든 그릇이 불가마에 들어 잘 익은 홍시처럼 발갛게 고통을 견디어 모두 이루어낸다. 그 가장 영광된 순간에 깨어져 흙이 되는 파멸의 아름다운 모순을 인간의 삶에 비유하기도 한다.

그릇뿐만이 아니라 세상 모든 것은 흙으로 빚어진다고 말할 수 있다. 그리고 그렇게 고통으로 빚어진 만물은 가장 화려하고 영광스러운 순간에 흙으로 돌아간다. 불경이나 창세기 같은 신화의 힘을 빌지 않아도 '흙의 모순'은 세상의 원리인 것은 부정할 수 없다.

우리는 물을 마신다. 토생금土生金, 금생수金生水니 우리가 마시는 물의 근원은 곧 흙이다. 우리는 밥을 먹고, 김치를 먹고,

미역국도 먹는다. 토생금土生金, 금생수金生水, 수생목水生木이니 밥, 김치, 미역의 근원도 흙일 수밖에 없다. 고기도 먹지 않느냐고 이의를 제기하겠지만, 고기를 살려낸 것은 바로 뿌리뺑이 같은 식물이니 그 근원은 흙이다.

우리가 돌아가는 곳은 결국 어디일까. 거기는 바로 우리가 밟고 서 있는 흙이다. 우리의 숨소리도 흙으로 스미고, 우리의 허튼 말소리도 땅속으로 스민다. 우리가 더럽다는 모든 유형무형의 배설물들이 땅으로 스며 흙이 된다. 흙은 깨끗하거나 더럽거나 다 받아들여 생명을 기르는 영양을 만든다. 오늘날 시멘트나 아스콘으로 흙을 싸바른 것이 문제이긴 하다.

우리의 육체는 날마다 조금씩 흙으로 돌아간다. 머리카락이 홀홀 날려 흙으로 돌아가고, 살갗도 한 껍질씩 흙으로 돌아간다. 현재의 나는 10년 전의 나가 아니다. 10년 전의 나의 육체는 이미 땅속으로 스민 지 오래다. 뿌리뺑이가 힘겹게 싹을 틔우고 꽃을 피워도 결국 흙으로 돌아가듯이 흙으로 이룬 만큼 우리는 날마다 흙으로 되돌린다. 하루도 흙이 내가 되지 않는 날이 없고, 내가 흙이 되지 않는 날이 없다. 내가 흙이고 흙이 나이다.

흙은 살며 이루어온 나를 받아들이기도 하고, 내 삶의 종착역이기도 하다. 흙은 만물을 생성하고 만물을 다시 받아들인다. 이만큼 대지는 위대하다. 대지는 우리의 어머니이다.

(2023. 4.)

디아Dia를 따라가는 길

여기 길이 있다. 길은 바로 내 발아래 있다. 나와 흙이 처음 만난 발자국이 모여 길이 되고, 내 걸음걸이를 따라 길 모양이 생겨난다. 공동체의 관습이 문화를 형성하듯이 걸음걸이에 따라 길이 이루어진다. 길은 우리네 삶의 흔적이고 곧 민족의 역사이다. 의미 있는 역사로 남은 길에는 진리가 담겨 있다. 그래서 우리는 망설이지 않고 그 길을 따라간다.

힌두인들의 성지인 바라나시를 여행한 적이 있다. 바라나시를 가보지 않고 인도 여행을 말할 수 없다고 한다. 나는 바라나시 화장 가트를 보지 않고 죽음의 성스러움을 말할 수도 없다고 말하고 싶다. 갠지스 강가 화장터인 다샤스와메드 가트Dashashwamedh Ghat에서 행하는 아르띠뿌자Arti Pooja를 참관했던 감동을 지금도 잊을 수 없다.

아르띠뿌자는 일출과 일몰 시간에 행해지는 힌두교의 종교의식이다. 힌두교의 사제인 브라만이 계단의 맨 위에 일렬로 놓은 우산 모양의 차타리스Chataris 아래에서 대중을 신의 길로 인도한다. 브라만은 우주의 다섯 가지 요소인 공간, 바람, 불, 물, 땅을 종소리, 연기, 불, 부채를 이용해 상징적으로 형상화한다. 연기가 피어오르고 코브라 모양의 향로에 담은 불을 흔들면서 베다인지 주문인지를 외는 소리가 갠지스강을 따라 허공으로 울려 퍼지면, 곧 신이 내려올 것 같은 착각에 빠진다. 경건하고 엄숙한 진언眞言mantra에 신도가 아니라도 빠져들 것만 같았다.

몽롱한 불빛 속에 연기가 하늘하늘 피어오르는 분위기에 취한 대중은 디아Dia라고 하는 작은 꽃불을 강물에 띄운다. 자신도 감각하지 못하는 기원을 담아 보낸다. 디아는 피리 소리인지 날라리 소리인지 아물아물하는 갠지스강을 따라 흘러간다. 나도 디아를 띄웠다. 디아는 마리골드로 보이는 몇 송이 꽃으로 감싸 안은 촛불을 실은 배 모양의 작은 바구니이다. 작지만 아주 예쁘고 정성을 담아 만들었다. 디아를 물에 띄울 때는 신도도 아니면서 가지런한 마음이 된다. 그런 마음을 담아서 그런지 서두르지도 부딪치지도 않고 천천히 흘러간다. 어둠 속에 깜빡이는 꽃불은 질서랄 수도 무질서랄 수도 없이 갠지스강을 따라 깜빡깜빡 흔들리며 떠내려간다. 히말라야에서 내려온 별이 떠가는 모습이다. 디아는 진리의 세계로 나를 건네주는 신의 불빛이다.

화려하고 거대한 행사는 매일 일상처럼 행해진다. 참여하는 대중이 엄청나다. 힌두인들은 평생 한 번만이라도 바라나시 다샤스와메드 가트의 아르띠뿌자에 참례해보는 것이 꿈이라고 한다. 날마다 두 차례씩 아르띠뿌자에 참례하고 죽음의 호텔에서 죽음을 맞고 이곳 화장 가트에서 불에 태워져 우주로 날아가는 것을 최대의 행복으로 생각하는 모양이다. 그래선지 이곳으로 모여드는 힌두인들이 골목에 가득하게 도시를 메운다.

아르띠뿌자가 거행될 시간이 임박하면 가트로 가는 골목은 인파로 들끓는다. 도로는 차도인지 인도인지 구분할 수 없다. 좁고 꾸불꾸불한 길에 사람과 차가 뒤섞인다. 사람들, 릭샤, 툭툭이, 오토바이, 자전거, 삼륜차, 차량이 뒤섞여 뒤죽박죽이다. 사람들 사이에 가끔 소도 느릿느릿 함께한다. 모두가 같은 중생이다. 개도 따른다. 경적소리, 아우성으로 골목은 터질 것 같다. 꽉 막혀버릴 것 같지만, 잔잔한 모래 위에 물이 흐르듯 조금씩 앞으로 나아간다. 거대한 하나의 길짐승처럼 꿈틀거리며 앞으로 나아간다. 사람들도 오토바이도 릭샤도 갑자기 대드는 듯하다가 묘하게 멈칫 선다. 경적소리도 떠드는 소리도 시끄럽긴 해도 신경질을 내지는 않는다. 가만히 보면 걷는 사람들은 아무런 신경도 쓰지 않고 제 갈 길을 간다. 발 달린 중생이나 바퀴 달린 것들이나 얽혀서 한 몸이 된다. 그들의 가슴엔 방금 디아에 담아 신에게 보낸 소망만 가득하다. 그냥 꽃불만 따라간다. 나는 이 신비스러운 모습에 연신 탄성을 올렸다. 길이 있기에 길 위의 질서가 있고 질서가 있기에 자신의 길을 찾아간다. 이것이 힌두인들이 진리를 찾아가는 문화이다. 나도 잠시 힌두인이 된다.

아스라이 먼 우주에서 바라나시를 내려다보면 그냥 하나의 유기체가 흘러가는 모양으로 보일 것이다. 갠지스 강물이 흐르듯 그렇게 흘러가는 모습으로 보일 것이다. 우리네 혈관에 피가 이렇게 흐를까. 빨갛게 한 줄기로 보이는 피도 따지고 보면 수많은 요소들이 뒤섞여 부딪치고 소리 지르며 흐를 것 같다. 그러나 혈관은 부딪치거나 멈추어 서지 않는다. 그냥 하나처럼 일상이 되어 흐른다.

힌두인들은 하나의 진리로 산다. 신에게 가는 길은 그들이 찾아낸 진리이다. 붓다는 자신의 가르침은 진리가 아니라 '진리로 가는 길'이라고 했다. 마하트마 간디도 '신이 진리가 아니라 진리가 신이다.[Truth is God]'라고 했다. 신에게 가는 길은 앞서려고 다툴 필요가 없다. 먼저 가는 이에게 소리쳐 멈추게 할 이유도 없다. 더 좋은 길을 찾으려 곁눈질할 일은 더더욱 없다. 그냥 가면 되는 길이 진리의 길이다. 힌두인들은 생각 없는 중에 더 깊은 생각이 있고, 질서 너머에 질서가 있고, 교양을 초탈한 교양을 지닌 것으로 보였다. 마치 우리네 혈관에 흐르는 피가 한 번도 비틀거리지 않고 온몸을 돌아 다시 제자리로 오듯이 문명 너머의 문명으로 길을 만들어 간다.

　힌두인들은 한마음으로 디아를 따라 길을 간다. 디아는 신의 말씀이고 진리의 세계로 나를 건네주는 불빛이다. 그것은 생각 없이 반복하여 사소한 일상이 되듯이 몰두하거나 곤두세우지 않아도 저절로 실행되는 교양을 넘어선 교양이다. 그들이 작지만 큰 발자국으로 수천 년 동안 만들어 온 지선至善의 길이다. 작지만 꽃이 에워싸고 있기에 큰 불빛인 디아는 그 길을 가고 힌두인이 그 길을 따라 강을 건넌다. 강 건너 새로운 길에 진리가 있고 결국 신을 만난다. 진리는 아름다운 질서로부터 나온다. 그래서 부딪침이 없다.

　나도 잠시 작은 불빛을 따라본다. 길을 통하여 세계가 내게 다가오고 나는 다시 세계로 나아간다.

(2022. 5.)

칭기즈 칸 마당에 세종대왕이

 말은 달리지 않는다. 칭기즈 칸 기마상은 언덕 위에서 은빛으로 빛나지만 멈추어 서 있다. 은빛 잔등에 8월의 볕이 부서진다. 구름 한 점 없는 하늘이 금방 파란 물감을 마구 쏟아부을 듯하다. 푸른 하늘이 있기에 칭기즈 칸은 눈부시게 보이는 것이다. 천진벌덕Tsonjin Boldog 벌판이 바로 여기이다. 칭기즈 칸이 전투를 마치고 돌아가는 길에 행운의 황금 채찍을 발견했다고 알려진 벌판이다. 고향을 바라보고 우뚝 서 있는 칸의 모습에 몽골인들은 감동한다.
 칭기즈 칸의 마당이다. 초원을 건너온 바람이 언덕으로 몰아친다. 계단을 오르는데 옷깃을 여며야 할 정도로 바람이 차다. 칸이 밟고 있는 건물에 들어가면 화장실이 있고 말의 뒷다리 쪽으로 오르면 칸이 들고 있는 황금색 채찍 부분으로 나와 말머리에 서서 칸의 얼굴을 배경으로 사진을 찍을 수 있다고 가이드가 알려주었다. 가이드의 안내 때문에 사람들은 바쁘다.

나는 두 계단씩 밟아 다른 사람보다 먼저 건물 안으로 들어갔다. 사람들이 엄청나게 큰 기마용 장화 앞에서 사진을 찍는다. 250마리의 소가죽을 벗겨 만든 장화라고 한다. 테무진은 죽어서도 몽골의 자연과 인간을 지배하는구나. 사진을 찍고 싶은 생각은 없었다. 테무진이 질주하던 몽골의 초원을 내려다보고 싶었다. 그가 몽골의 벌판에 이루고 싶었던 사업은 무엇이었을까. 칸의 눈빛이 궁금했다. 엘리베이터에 내려서도 좁은 계단을 무릎이 아프게 올라가야 했다. 계단이 아주 좁다. 골격이 큰 몽골 사람들은 더 불편할 것 같았다.

말머리로 나가니 몸을 가눌 수 없을 만큼 바람이 몰아친다. 초가을 바람은 벌판을 건너며 흥분한다. 갈기에 기대서서 칭기즈 칸의 눈을 바라보았다. 칭기즈 칸은 성웅일까, 영웅일까, 용장일까. 자신을 칸으로 숭앙하는 겨레를 위해 무엇을 남겼을까. 1995년 『워싱턴포스트』는 1206년에 몽골 부족을 통일한 칭기즈 칸을 최근 천 년간 가장 위대한 인물이라고 평가했다. 그 기준은 알 수 없지만, 치켜뜬 눈은 겨레의 미래를 지향하는 것 같아 보이지 않았다. 그저 고향을 바라보는 낭만적인 눈길도 아니었다. 아름다운 초원을 바라보며 야망으로 불타오르는 듯했다. 초원을 경영하여 몽골인을 위해 나아가 세계 인류를 위해 평화를 심어야겠다는 덕은 발견할 수 없었다. 그는 그냥 정복자였다. 그의 본래 이름은 '보르지긴 테무진'이었다고 한다. 참말인지 모르지만 '테무진'은 그의 아버지가 정복한 장수의 이름을 빼앗아 지었다고 한다. 손에 핏덩이를 쥐고 태어나고 이름도 빼앗았으니 생태적 정복자가 아닌가 한다. 극심한 가난으로 유목민에게는 흔한 고기도 먹지 못하고 나무껍질과 풀뿌리로 연명하면서 야망을 다졌을 것이다.

칭기즈 칸이란 이름은 '세계의 군주'라는 의미라고 한다. 세계의 군주는 사랑으로 이루는 것이지 칼로 이루는 것은 아니다. 그는 군사적으로 탁월한 재능을 지녔다. 강한 체력에다가 한번 세운 목표는 이루고야 마는 강철 같은 의지까지 타고났다. 대개 그런 지도자들은 자기주장이 강하고 고집이 세게 마련인데 주변의 조언을 잘 듣는 장점까지 있었다니 금상첨화가 아니겠는가. 게다가 계급을 폐하고 종교의 자유를 보장하고 몽골에 일상화되었던 약탈혼까지 금지하였다니 그러한 정책이 세계 정복의 바탕이 되기도 했을 것이다. 정복한 땅은 자식이나 친인척에게 나누어 통치하게 하여 권력 기반이 든든하였다. 인종을 차별하지 않았으나 적에게는 무자비했던 것은 핏덩이를 쥐고 태어난 배냇병이 아닌가 한다.

춥기도 해서 서둘러 말에서 내려왔다. 화장실에 들어갔다. 역시 매우 좁다. 손을 씻는데 누군가 '선생님 여기서 만나네요.' 한다. 아 이재표 시인의 목소리다. 좋아하는 청주 시인을 칭기즈 칸의 말발굽 아래서 만난다. 우리는 손잡고 밖으로 나왔다. 테무진의 후예들의 초상이 걸려 있는 앞에서 기념사진을 찍었다. 칭기즈 칸의 마당에서 청주의 시인과 수필가가 만난 것이다.

바람이 잠잠해지자 볕이 따사롭다. 주차장으로 내려서는 계단에 앉아 쉬고 싶을 만큼 포근하다. 주차장에는 낯익은 버스가 한 대 서 있다. 아 '서울버스'이다. 내가 서울 나들이할 때 북청주 터미널에서 타는 그 서울버스가 몽골에 왔다. 뒷유리에 '북청주-서울 남부' 한글 자모가 뚜렷하다. 청주에서 여기까지 달려왔을까. 그건 아니다. 우리나라에서 들여온 중고 자동차를 한글을 지우지 않고 그냥 사용하는 것이다. 그런데 유심히 보니 우리를 태우고 다니는 노랑버스 뒷유리에는 '아동보호차량'이 선명하다. 칭기즈 칸의 마당에서 한글 자모가 한결 귀하게 보인다.

세종대왕이 칭기즈 칸의 마당에 계시다. 칭기즈 칸의 마당에 한국의 시인이 와 있다. 우리 일행이 모여든다. 한국수필가협회 수필가 36명이 칭기즈 칸의 마당에 가득하다. 칭기즈 칸의 마당에 한국어가 한국 문학이 한글이 가득하다. 그러고 보니 몽골의 마트에는 '비비고'도 있고 '햇반'도 있다. '신라면'도 있고 '현미비빔밥'도 있다. 세계는 지금 김치 맛에 매료되어 있다. BTS나 K-POP이 세계의 젊은이들을 열광의 도가니에 빠지게 한다. 피부색에 관계 없이 〈미나리〉나 〈기생충〉에 가슴

먹먹해지는 것도 우리 문화의 덕이다.

　세종대왕이 이룬 14세기 르네상스가 조선을 넘어 고비사막에 초록을 심는다. 성현의 예를 규범으로 백성을 다스렸다지만, 핏덩이보다 사랑을 안고 태어난 정치가이다. 우리는 오늘 순간순간을 세종대왕의 울력으로 살아간다. 수없이 날아드는 문자 메시지는 아주 단순한 한글 자모로 해결한다. 언젠가 세계는 알파벳을 버리고 한글 자모를 빌려 쓰게 될지 모르는 상황이다. 아니 서둘러 빌려 가는 나라가 문화 성장을 빠르게 이룰 수 있을 것이다. 세종이 이룬 단순한 스물넉 자가 복잡한 현대의 개념을 담아낸다.

　칼의 크기로 미래를 보장하지 못한다. '칭기즈 칸 공항', '칭기즈 칸 광장'과 같은 자존심만 존재할 뿐이다. 인류에게 수평적인 사고로 문화와 문명을 일으킨 지도자가 진정한 지도자이다. 그로 인해 많은 사람들이 오늘도 행복하다. 칼보다 사랑이 위대하다.

　'가장 좋은 삶이란 적을 쳐부수고 그들이 쓰러지는 것을 보며, 그들의 말과 재산을 빼앗고, 그들의 여자들의 울음소리를 듣는 것이다.'라고 했던 정복의 제왕도 말년에는 인간 테무진으로 돌아왔는지 '다시 태어난다면 평범한 사람으로 평범한 게르에서 살다가 평범하게 늙어 죽고 싶다'라며 회한을 토로했다고 한다. 지금쯤 자연인 보르지긴 테무진은 자연인 이도李

陶의 삶을 부러워할지도 모를 일이다. 워싱턴 포스트의 평가는 수정되어야 한다. 최근 천 년간 미래를 위해 가장 훌륭한 씨앗을 심은 지도자는 세종대왕이다. 세종대왕의 후예들은 세계로 달려 나가는데 칭기즈 칸의 말은 미래를 향해 달리지 못하고 아직도 그 자리에 멈추어 서 있지 않은가.

(2022. 9.)